# 基督教文化研究丛书

主编 何光沪 高师宁

初编 第 **5** 册

## 启示与历史
### ——潘能伯格系统神学的哲理根基

冷 欣 著

花木兰文化出版社

国家图书馆出版品预行编目资料

启示与历史——潘能伯格系统神学的哲理根基／冷欣 著 -- 初

版 -- 新北市：花木兰文化出版社，2015〔民 104〕

目 2+154 面；19×26 公分

（基督教文化研究丛书 初编 第 5 册）

ISBN 978-986-404-196-1（精装）

1. 潘能伯格（Pannenberg, Wolfhart）2. 神学

240.8                                    104002084

ISBN-978-986-404-196-1

9 789864 041961

# 基督教文化研究丛书
## 初编　第五册

ISBN：978-986-404-196-1

# 启示与历史
## ——潘能伯格系统神学的哲理根基

作　　者 冷　欣
主　　编 何光沪 高师宁
执行主编 张　欣
企　　划 北京师范大学基督宗教文艺研究中心
总 编 辑 杜洁祥
副总编辑 杨嘉乐
编　　辑 许郁翎
出　　版 花木兰文化出版社
社　　长 高小娟
联络地址 台湾 235 新北市中和区中安街七二号十三楼
　　　　 电话：02-2923-1455 ／传真：02-2923-1452
网　　址 http://www.huamulan.tw 信箱 hml 810518@gmail.com
印　　刷 普罗文化出版广告事业
初　　版 2015 年 3 月
定　　价 初编 15 册（精装）台币 28,000 元

# 启示与历史
## ——潘能伯格系统神学的哲理根基

冷 欣 著

## 作者简介

　　冷欣，女，1982 年生。复旦大学哲学博士，现任同济大学哲学系讲师，香港汉语基督教文化研究所同济中心研究员。主要研究方向为基督教哲学、当代德法哲学。2009 年香港汉语基督教文化研究所访问学者。

## 提　要

　　德国新教神学家沃夫哈特·潘能伯格（Wolfhart Pannenberg,1928-2014）是 20 世纪中后期活跃于欧美基督教神学界的领军人物之一。他回应的基本问题是启蒙运动以降，自然理性、无神论和历史批判对于基督教和基督教神学之合理性的挑战。本文以启示与历史为主要线索，对于潘能伯格神学中的关于上帝的认识、人论、基督论、三一上帝论予以探讨。通过对于其神学中的一些根本问题的探讨，以求达到对潘能伯格神学体系的一个系统的梳理与把握。

　　首先，启示与历史是潘能伯格神学问题的开端。他是在启示神学的背景下展开自己的神学之路的。启示并非神圣奥秘的直接通传（immediate communion），而是上帝的自我启示和上帝本质的揭露。自我启示不是直接的，而是间接的。自我启示的媒介是普遍历史。普遍历史是以终末为导向的，因为耶稣基督的历史是普遍历史终末的预表。在潘能伯格那里，普遍历史、历史终末与终末预表是互相印证的。历史的主题贯穿于潘能伯格神学的始终，是其一贯的神学进路。

　　其次，人论在潘能伯格神学中处于基本神学的地位。向世界敞开性是人的基本生存状态，最终被理解为向上帝敞开性。这是人的生命历程及其使命。在教义学人论部分，潘能伯格开始于人是上帝的形象。上帝的形象并不意味着最初的完善，而是处于过程之中的人类使命。同时将人论明确地奠基于基督论的基础上，耶稣基督是这一人类使命的完全成就或实现。潘能伯格通过对奥古斯丁关于罪的根源以及表现形式的分析，揭示出罪的本质在于人之自我与自身、与世界的关系的失败。换言之，用潘能伯格自己的术语来表示就是人实现自身使命的失败。通过"向世界敞开性"（或外在中心性）与"上帝的形象"这两个概念将前后期的基本神学人论与教义学人论联系起来，实现了自下而上与自上而下地对人之为何以及人与上帝之关系的双向互动考察。

　　再次，在自下而上的基督论部分，潘能伯格通过复活事件的历史实在性反溯性地证明耶稣与上帝的统一。道成肉身不是作为基督论的预设，而是作为结果被得出。在自上而下的基督论部分，潘能伯格认为复活是上帝为耶稣的辩护，这是关于耶稣圣子身份的认识论根基。这一根基的内在基础在于子从父的自我区分。他在三一上帝论的背景下，将道成肉身理解为三一上帝在世界的自我实现。

最后，在潘能伯格的早期上帝论思想中，上帝的存在与神性跟上帝的统治和权力有关。上帝的统治的完全实现在于终末的将来，故而上帝被称作"将来的权力"。在系统神学中，潘能伯格反对黑格尔—巴特的奠基于上帝的主体性的三位一体。他以上帝在耶稣基督身上历史性的启示为三一论的起点。三一论的具体模态是父子灵相互的自我区分。三位一体中的诸位格只有以跟两外两者的关系为媒介才可以获得自身的位格性。

概言之，潘能伯格以自下而上与自上而下的方法进路来处理神学的基本问题，乃是为了寻求信仰宣告的理性阐明。换言之，潘能伯格乃是为信仰提供合理的理由和依据。从信仰的宣告以外，由理性来确立一些客观而中立的原则，以此出发来对基督教教义予以说明。他的神学被界定为寻求"信仰的理由"。

本书是 2012 年度国家社会科学基金青年项目《二十世纪三一上帝论的复兴与展望研究》（12CZJ008）和 2012 年度教育部人文社会科学研究青年基金项目《人是什么？》（12YJC730005）的阶段性研究成果。本文得到"中央高校基本科研业务费专项资金"资助（supported by "the Fundamental Research Funds for the Central Universities）。

谨以此篇献给敬爱的张庆熊老师

目

次

# 前言：启蒙运动之后，神学为何？

## 一、启蒙运动的挑战与神学的自我定位

在信仰与理性的关系这一传统问题上，17-18 世纪的启蒙运动是一个重大的分水岭。在此之前，人们会追问基督教权威比如《圣经》或教会传统能否被理性毫无辩驳地接受。在此之后，人们会追问理性的自主能否会基督教信仰留下空间。面对理性的追问与劫难，基督教教义仅被理解为宗教与伦理经验的表达并在被这些经验确证的范围内才具有合理性。在康德和施莱尔马赫以后，基督教信仰的合法性被诉诸于宗教和伦理经验或个人之决择。基督教信仰转变为跟个人趣味相关的主观性现象，而丧失了普遍性的约束力量。这时我们不禁问到：基督教教义还能够提供在自然理性的检验下具有普遍性和合理性的论断吗？对于这个问题的回答，跟神学自身的定位有关。

伟大的哲学家，德语世界中的尤为如此，比如康德、黑格尔、海德格尔，总会自觉而又慎重地思考一个基本性的问题：哲学是什么？希望为他自己以及后来的思想者作出思想上的定向并提供合理的方法论步骤。对于 20 世纪伟大的德语世界神学家而言，情况亦是如此。神学大师卡尔·巴特（Karl Barth, 1886-1968）认为神学是关于上帝之道的后思（Nach-Denken），即回头思想上帝自我启示的内容。鲁道夫·布尔特曼（Rudolf Bultmann, 1884-1976）宣称神学是对福音宣讲或传言（Kerygma）中所蕴含的存在之思的解释，或是催促每一在者在当下的生存体验或生命经历中与不可见的上帝相遇的努力。德国新教神学家潘能伯格（Wolfhart Pannenberg,1928-2014）在上个世纪 60 年代开始步入神学之思时，便自觉地面对以上两位神学大师的思想。正如巴特自己

坦言倘若没有施莱尔马赫，他自己的神学便是不可能的，因为巴特在从事神学之思时，潜在地在与施莱尔马赫进行思想上的对话，回应施莱尔马赫的问题：宗教情感或体验能否为信仰提供根基？对于潘能伯格亦是如此，他不满意于前面两位神学大师关于神学是什么的定位，认为巴特和布尔特曼的神学定位使得神学呈现出主体化的趋势，巴特是关于上帝的超验的（Transzendent）主体性神学，布尔特曼是关于人的内在的主体性神学。笔者认为潘能伯格之所以不满意于巴特和布尔特曼关于神学的定位，根源在于这两位神学前辈难以令人信服地回应启蒙运动——尤其是理性的自主以及历史批判法则——对于神学所提出的挑战。

潘能伯格对于神学之为何的重新定位跟我们先前提出的那个问题有关。甚至可以说恰恰是为了回应理性对于基督教信仰的挑战，潘能伯格开始了对于神学的定义、品性、任务和方法论的思考。潘能伯格对于神学之所是的思考，影响到了他的整体神学的体系建构与神学进路。根据启蒙运动的主题——理性与世俗，潘能伯格向神学提出了两项基本原则：第一，神学是一种坚持精确性、判断力和客观性的科学研究。神学是关于上帝的科学，在此上帝被理解为"真正的无限"。神学是一种科学，是理性的一种努力，要具备科学的统一性和规范性，有其特定的预设、对象、主题、内容、工具和界限。那么，神学就不应该是独断的，而是开放性的和可争论的，甚至有可错性。[1] 第二，面对多元的世俗文化的兴起，神学要被建构为普遍科学，是一种综合性的知识体系的建构，整合分散的世俗文化，坚持神学与哲学、人类学、自然科学的对话。在潘能伯格眼中，系统神学的基本任务就证明基督教陈述与人类知识保持着内在的一致性。

这是潘能伯格根据时代的特征，向当代的基督教神学提出的任务。我们通过对其神学体系和神学思想的研究，来考察潘能伯格是否有效地完成了这个任务？在他的神学体系中，他是否完成了对于信仰的宣告予以理性的阐明的任务？

## 二、国内外研究现状

首先，国外研究方面自上个世纪 70 年代起陆续出版关于潘能伯格的研究

---

1 Wolfhart Pannenberg. Theology and The Philosophy of Science [M]. trans. Francis McDonagh. Philadelphia: Westminster. 1976.

著作，其中有对潘能伯格神学的系统研究，亦有对各个专题比如人类学、上帝论、基督论的研究。根据其神学方法论的显著不同，一般将三卷《系统神学》（1988-1993）之前的著作归入潘能伯格前期神学思想；把《系统神学》及其以后的著作归入后期神学思想。《通往上帝之路——潘能伯格神学研究》（David Polk）、《潘能伯格之神学》（P. Clayton）、《潘能伯格与宗教哲学》（D. Mckenzie）、《潘能伯格之神学》（E. Tupper）是对潘能伯格前期神学思想的系统研究。其中，E. Tupper 所著的《潘能伯格之神学》是研究潘能伯格前期神学思想的精彩著作，还附有潘能伯格本人对于作者提出的批评的一些回应。《潘能伯格的基督论》（Svein Rise）是一部研究潘能伯格基督论的力作，《末世论与基督论》（W. Clark）研究了潘能伯格终末论的基督论。《潘能伯格神学中自然与历史的统一》（C. Buller）研究的是潘能伯格神学中上帝与自然以及历史的关系。《三一论与本体论》（T. Bradshaw）比较了巴特与潘能伯格神学之异同。《潘能伯格思想中的自我超越与人类历史》（G. Onah）系统研究了潘能伯格的人类学思想。《神学的后基础主义任务》（F. Shults）对于潘氏前后期方法的内在关联予以考察，《信仰之理性》（von J. Rohls）研究的是潘能伯格神学的理性根基，提出潘氏神学探究"信仰的理由"。《潘能伯格的神学——来自北美的批判与回应》（C. Braaten）是 90 年代潘能伯格与美国神学家和科学家的对话。90 年代中后期，在三卷《系统神学》诞生之后，有专门研究这三卷《系统神学》的几部著作值得推荐，包括《潘能伯格关于三位一体的上帝》（Iain Taylor）、《为希望的理由》（S.J.Grenz）《重新思考上帝论》（C.E. Gutenson）。最后不得不提的两本书，一本是《上帝与将来》，对潘能伯格的终末论、本体论和上帝论予以考察，另一本是《潘能伯格系统神学导论》（Gunther Wenz），这部作品是对于潘氏《系统神学》中各个主题的解释，对于我们系统把握潘氏神学思想很有裨益。

其次，国内关于潘能伯格神学的研究还尚未起步，并无对潘能伯格神学研究的系统性著作，关于潘能伯格神学思想的研究论文也很少见。关于潘能伯格的中文译著有《人是什么？》、《天国近了——神学与神的国》以及《神学与哲学》。另外还翻译了潘能伯格的两篇论文，分别是《论三位一体与上帝的主体性》和《救赎事件与历史》，其中后一篇只翻译了原文的前半部分。《基督论的根基》的导论部分也已被翻译成中文。

## 三、论文主旨和篇章布局

启示与历史的关系是潘能伯格开始神学思考的一个基本问题。《作为历史的启示》（1961）一书为潘能伯格《系统神学》之前的神学发展勾画了一个基本脉络。同时，历史主义被视作潘能伯格神学的一条基本的进路，历史的主题是其神学中一贯的主题。故而，我们以启示与历史作为本文的一条线索，旨在以启示与历史为线索对于潘能伯格的神学思想予以一个系统的把握和梳理，以启示与历史这一线索串联起人论、基督论和上帝论。本文考察潘能伯格前后期思想的发展演变与内在脉络，是对于潘能伯格神学各个部分比如启示论、人论、基督论和上帝论中跟我们的线索有关的部分的探讨，是对于潘氏神学中根本问题的探讨。

第一章探讨启示、历史与终末。在德国观念论传统由其是黑格尔哲学和巴特神学背景下，启示被界定为上帝的自我启示（Selbstoffenbarung），是上帝之本质的完全的自我揭露。上帝不是直接地将其自身作为启示内容，否则便是希腊神话中的神显（Theophanie）。上帝借着"在整体中的现实或实在"（die Wirklichkeit in ihrer Totalität）启示自身，后者被理解为普遍历史（Universalgeschichte）。耶稣的历史整体即他的出生、成长、传道、事工以及死亡、复活（后两者是耶稣的天命 Geschick），作为人类普遍历史的预表（Prolepsis），说明了普遍历史及其终末的合目的性。耶稣的历史是普遍历史概念的前提。同时，历史的本质是传统的进程，历史事件是在传统背景中发生，在其中传递其意义。历史中交织着 historie 和 geschichte，历史从来都不是由天然事实构成的。在普遍历史与传统历史问题上，潘能伯格积极与黑格尔和伽达默尔对话，坚持普遍历史作为诠释学的视域。

潘能伯格对于历史循环论的反驳以及对于历史的合目的的终末论的坚持，是借着耶稣基督的历史作为普遍历史终末的预表（Prolepsis）来说明的。Prolepsis 具有本体论与认识论的双重含义。从认识论上，Prolepsis 表明了人现今的一切认识都是暂时性和有限性的。真理具有历史性的特质，在普遍历史之终末才能完全显明，故而现今的认识是对整体的一种预知（antizipation），具有不完全性和敞开性。随着将来经验和认识的更新，可以被修正。人通过他的盼望、计划来预见将来，更为重要的是，在关于上帝的知识中，上帝之本质在终末的完全揭露，在基督事件中已被人们预先知道。从本体论而言，现实整体具有一种预表之结构，这是普遍历史或历史统一性的前提。这植根于他的将来的本体论优先性。在这一点上，潘能伯格受到海德格尔的影响。他将海氏所言的通过先行到死对此在整体性的预见，扩充至对普遍历史与历史终末的预见。在此，潘氏继承的是黑格尔历史融贯轮的真理观，这一历史融贯论与其本体论是一体的。真理在由上帝和人类共同参与的普遍历史中展开，这一普遍历史以耶稣基督的历史为预表，历史展开到最终时才彻底融贯。人类凭借理性可以对于这一普遍历史予以预知。

第二章围绕着向上帝敞开性（Gottoffenheit）和人的使命（Bestimmung）来探讨基本神学人论和教义学人论中的思想。在基本神学人论部分，人的基本存在状态被理解为向世界敞开（Weltoffenheit），最终被理解为向上帝敞开，这是生命的历程和目的。由向世界敞开到向上帝敞开的依据在于人是上帝的形象（imago Dei）。上帝的形象不应被理解为人最初的完善，而是人的使命，是在生命历程中实现的目的，达到最终与上帝相联合。人的罪在于会中断向世界敞开，陷入自我中心性和自我封闭性之中。在教义学人论部分，从上帝的形象出发，首先上帝的形象并不代表原初的完善，而是处于过程之中的人类使命。同时将人论明确地奠基于基督论的基础上，耶稣基督是这一人类使命的完全成就或实现。潘能伯格通过对奥古斯丁、基尔克果关于罪的根源以及表现形式的分析，揭示出罪的本质在于人之自我与自身、与世界的关系的失败。换言之，用潘能伯格自己的术语来表示就是人类实现自身使命的失败。通过"向世界敞开性"（或外在中心性）与"上帝的形象"这两个概念将前后期的基本神学人论与教义学人论联系起来，实现了自下与自上地对人之为何以及人与上帝之关系的双向互动考察。

第三章探讨历史的—人类学视域下的耶稣其人及其神性以及三一论视域下的耶稣其人及其神性。在《基督论的基本特征》中，坚持自下而上基督论的合理性。从耶稣的历史与天命（Geschick，指耶稣的被钉十字架和复活）出发，通过耶稣的复活，反溯地证明耶稣与上帝启示的统一（Offenbarungseinheit）。在此，道成肉身是作为基督论的结论而得出，而非出发点。复活的神学意义：第一，证明耶稣与上帝的统一。第二，反溯性地证明耶稣生前的主权宣告与事工即耶稣的历史与活动整体的神圣性。对于以违背自然律或违背历史的类比原则为由拒斥复活的历史实在性的反驳。要求研究者以中立的态度对待复活，不要以"死人必然不能复活"这一先入为主的观念为主导来对待耶稣的复活。以复活为起点，自下而上地确立耶稣与上帝启示的统一以及耶稣的圣子身份。

在《系统神学》中，坚持自下而上与自上而下相融合来考察耶稣其人及其神性。耶稣的复活是圣父对于耶稣在历史中的宣告、活动以及历史之整体的证实，同时是对于耶稣作为先在的圣子身份的证实，是耶稣之神性的认识论根基。潘能伯格认为耶稣的圣子身份的内在根基并不在于抽象的神圣本质，而是在于耶稣的位格区分即耶稣从父的自我区分（der Selbstunterscheidung Jesu vom Vater）。他对于传统上从神人二性论来界定耶稣的圣子身份以及耶稣与上帝的统一提出质疑。在永恒中子与父的关系的特征是子对于父的完全顺服以及子对于父的统治的自我区分，这在历史中的表现形式是耶稣其人与父的关系。

在三一论架构下，道成肉身被理解为上帝在世界中的自我实现。自我实现（Selbstverwirklichung）的范畴用来说明上帝的作为或行动。道成肉身所启示的不仅仅是耶稣基督，还有圣父和圣灵，因而道成肉身是三位一体的上帝的自我实现。

第四章上帝的将来与三位一体的上帝论。在前期的上帝论中，突出上帝的将来与上帝的统治。上帝的存在以及上帝的神性在于上帝的统治（Gottesherrschaft），上帝统治的完全实现在于终末的将来，故而上帝被称作"将来的权力"（Macht der Zukunft）。虽然世界的存在并非上帝存在的必要条件，但是潘能伯格认为一旦世界被造，上帝对于世界的统治便是其神性的必要条件。上帝必须不断证实自身对于世界的统治，不能够如此证实的上帝便不是上帝。早在70年代中后期，潘能伯格就开始了对黑格尔—巴特奠基于上帝的主体性（Subjektivität Gottes）的内在三一论的批判。潘能伯格认为三一上帝论应该从启示的内容出发，即上帝在耶稣基督身上的历史性的启示——启示事件中，父、子、灵显现以及彼此相关的方式。三一关系的具体模态是父、子、灵的相互的自我区分。自我区分的起点在于子从父自我区分。潘能伯格不是在黑格尔的上帝作为绝对主体的概念与主体之自我运动的逻辑必然性的基础上来谈论三位一体中诸位格的区分，并且他所言的区分也不是单向度的生发关系，而是父、子、灵在救赎之经世中的相互依存的区分，强调相互的依赖或依存关系是位格的自我区分概念的一个必要环节或要素。子从父的区分在于子对于父的意志和神性的完全顺服，从而为父的行动和父的国度的来临留有空间，以此显明子与父的统一。父从子的区分在于父将神圣的统治和主权完全交托于子，从而父的神性和父的国度依赖于子在世界的活动的展开。灵从父和子的区分在于作为父和子的永恒联结而对于父和子的颂扬与荣耀。三位一体中诸位格的身份的获得在于将自己完全奉献给对方，并且是在自己与其他两个位格的关系之中才获得其位格性。

结论，用示意图"鱼跃之美"来展示潘能伯格神学思想的历史脉络与结构关系，以便更加清晰地说明潘能伯格神学的结构性与一致性。潘能伯格以自下而上与自上而下的方法进路来处理神学的基本问题，乃是为了寻求信仰宣告的理性阐明。换言之，潘能伯格乃是为了为信仰提供合理的理由和依据。从信仰的宣告以外，由理性来确立一些客观而中立的原则，以此出发来对基督教教义予以说明。他的神学被界定为寻求"信仰的理由"。笔者从女性主义神学的角度，对于作为其神学旨归的以及《系统神学》中构架的三位一体的上帝论提出批评。上帝被理解为"将来的权力"，上帝的存在与神性被等同于上帝的统治（Gottesherrschaft）。同时，潘氏从父子灵相互的自我分区，即自我区分与相互的辩证的角度来阐述三位一体的上帝，反对黑格尔——巴特奠基于上帝的主体性的三位一体。就三位一体的位格的区分的具体形式而言，子从父的区分在于子对于父的意志和统治的完全顺服，为父的行动和父的国度的来临留有空间，从而显明子与父的统一。父从子的自我区分在于父将父的王权（Königtum des Vaters）和王权统治（Königsherrschaft）完全交托于子，从而使得父的神性依赖于子在历史中的活动的展开，证明了父与子的统一。三位一体的第三位格灵，作为父与子永恒联合的媒介，灵从父和子的自我区分在于灵对于父和子的颂扬，同时子完全顺服于父的活动以及对于父的荣耀，尤其是子的复活，都依赖于灵。潘氏沿袭经世三一的进路，从神圣行动中所显现出的三位格的关系的角度入手，即父子灵相互的自我区分，但是他仍然需要找到能够表明神圣行动统一性（Einheit）的内容，从而表明三位格的统一。这里将三位格统一起来的内容，便是父的王权。父的王权是三位一体的相互关系以及三一上帝与世界的关系中，一切神圣活动的聚合点。故而，父的王权与王权统治是其三一上帝论的基底。在笔者看来，潘氏的三一论描述中充斥着"父的统治"、"王权"、"王权统治"这样的概念，将无限的上帝的现实性（Wirklichkeit Gottes）以王权与王权统治来充实和理解，这是传统的父性文化的话语霸权。

# 第一章、启示与历史以及历史与终末[1]

## 第一节、启示作为历史（Geschichte）还是作为上帝之道（Wort Gottes）

### 一、启示是上帝的自我启示（Selbstsoffenbarung Gottes）

潘能伯格在《作为历史的启示》（Offenbarung Als Geschichte, 1961）一书的导论中，坦然承认在某种意义上当代新教神学是一种启示神学。[2]这尤其表现在卡尔·巴特（Karl Barth, 1886-1968）[3]为代表的辩证神学，以及深受其影响的神学圈子中。当代关于启示这一概念的神学界定是复杂多样的，比如启示作为行动和话语、原初启示与救赎启示；启示不仅在以色列的历史中，它在所有的宗教经验中都是一种潜在现象；启示仅是上帝在耶稣基督身上的启示等等。纵观这些异样的思想，潘能伯格认为其一致之处在于承认启示就其本质而言只是上帝的自我启示。

在现代神学中，启示是一个特指的、受限定的概念，即上帝的自我启示。

---

1 该章部分内容以<论潘能伯格的启示与历史观念>，发表于《道风：基督教文化评论》（A & HCI, R & TA），No.35，2011 年秋。

2 Offenbarung Als Geschichte *[G]*. Edit.Wolfhart Pannenberg. 1961.8.

3 卡尔·巴特：20 世纪瑞士籍新教神学家，新正统神学和辩证神学的代表人物之一。重要著作有《罗马书释义》第一版（1919），《罗马书释义》第二版（1922），《上帝之言与神学》（1924），《神学与教会》（1928），《信以致知——安瑟伦关于上帝存在的证明》（1931），《我所认识的布尔特曼》（1952 年），《教会教义学》四卷（1935-1967）。

它并非关于上帝的超自然真理的神秘告知，而是上帝的自我揭露或自我启示（Selbstsoffenbarung Gottes）。换言之，在自我启示中，上帝揭露的都只是其自身。自我启示的概念源自于受到启蒙运动影响的德国观念论。自从18世纪启蒙运动起，启示与天启宗教受到了自律理性的批判。哲学家和神学家试图剔除信仰中非理性的、神秘化的因素，《圣经》和基督教必须站在理性的面前为其合法性寻求辩护。启蒙运动摧毁了17世纪正统教义学中的启示观，旧有的启示观将启示理解为"超自然的、隐秘真理的通传"，是无法质疑和绝对无谬的。[4]启蒙运动将超自然主义视为一种迷信，那么，启示的概念必须仅限于将其内容化约为上帝的自我启示才得以保全。

将启示严格地限定为自我启示，这肇始于19世纪德国哲学家黑格尔，启示是绝对精神的自我启示，上帝的完全显现必须是独一无二的。黑格尔仍将基督教称为一种"被启示的和启示中的宗教"，这并不在于它包含着通过超自然的手段而获知的真理，而是在于，与其他宗教不同的是，基督教依赖于绝对精神的完全显现。[5]启示的主体和客体在于基督，这是上帝启示的本质。[6]至此，自我启示被严格限定为关乎上帝自身。不是通过人类精神，上帝被启示；而是通过上帝自身，上帝被启示给人类精神。这在卡尔·巴特的如下命题中被回应——上帝向人的启示，不能通过人自身的能力被理解，而只能依靠上帝借着圣灵来理解。[7]

巴特认为启示就是上帝的自我启示或自我揭露。虽然，如前所述"自我启示"的概念可以上溯到黑格尔的思想中。但是对于巴特而言，这一概念跟他在马堡大学的老师赫尔曼（Wilhelm Hermann，1846-1922）[8]的启示神学有着更为直接的关系。巴特曾在<关于威廉赫尔曼的教义学原则>（The Principles of Dogmatics according to Wilhelm Hermann，1925）一文中，详细讨论了赫尔

---

4  Offenbarung Als Geschichte [G]. Edit.Wolfhart Pannenberg. 1961.8.

5  F. Hegel. The Phenomenology of the Mind [M], vol.2. Harper and Row Publishers, 1961.695-696.

6  F. Hegel. The Phenomenology of the Mind [M], vol.2. Harper and Row Publishers, 1961.p.759.

7  Offenbarung Als Geschichte [G]. Edit.Wolfhart Pannenberg. 1961.9.

8  赫尔曼：19世纪德国新教神学家、系统神学家。深受自由主义神学家利奇尔（Albrecht Ritschl，1822~1889）的影响，试图调和康德和施莱尔马赫的思想，主张即使耶稣并非真实的存在于历史亦无损福音的功效和人们对于上帝的信仰。他的著作 Der Verkehr des Christiens mit Gott（1906）《基督徒与上帝的相通》被视为十九世纪新教自由主义神学代表性作品，引发了卡尔·巴特与辩证神学家的回应。

曼的教义学基本理论，尤其是赫尔曼关于"自我"的概念。[9]赫尔曼在<上帝对我们的启示>（Gottes Offenbarung an uns,1908）这篇演讲中声称"唯有上帝在我们身上作工，亲自向我们启示自我（er sich uns selbst offenbart），否则我们无法认识上帝。"[10]从中可以看出，上帝的启示、行动与知识是相互关联的。辩证神学的另一位巨匠，同时也是赫尔曼的另一高徒布尔特曼（Rudolf Bultmann, 1884-1976）[11]也继承了老师的启示神学中的"自我"概念。但是巴特与布尔特曼的分歧在于上帝之"自我启示"究竟是"上帝自身"（Gott sich selbst）必须向"我们"（an uns）启示；还是上帝（Gott sich）必须向"我们自身"（an uns selbst）启示。换言之，自我究竟是关乎上帝，还是关乎人。巴特的选择是前者，自我关乎上帝，强调在启示中上帝的超验主体性——上帝在"上帝说"（Deus dixit）这一行动中向人自我启示。[12]在后文中我们会看到布尔特曼的选择。巴特认为上帝不能被证明，除了上帝自身，没有什么能够显明上帝。上帝自身揭露自身时，这种启示是直接的，他既是启示的主体，又是启示的客体。上帝自身就是那位启示者、启示行为和启示的内容。巴特给启示的定义是："按照《圣经》，启示即是本性上不能被揭露予人的上帝的自我揭露并让人认识。"[13]启示的形式既是揭露的而又隐藏的，上帝在向人启示的同时又在隐藏自身。

在黑格尔的精神哲学和巴特的启示神学的基础上，潘能伯格将启示理解为上帝的自我启示或自我揭露，它具有如下几层含义：

首先，自我启示是上帝之本质的揭露，是独一的。潘能伯格区分了"显现"（Manifestation）与启示。两者的区别在于是否揭露出上帝的本质，前者没有揭露，后者则是揭露本质，如前所述，自我启示之本质是耶稣基督。[14]因而，正如巴特一样，潘能伯格强调自我启示中启示的独特性或独一性（Einzigartigkeit der Offenbarung/ uniqueness of revelation）。潘能伯格论述到：

---

9 Karl Barth. Theology and Church [M]. Trans. L.P.Smith. SCM Press, 1962.255-271.

10 Wilhelm Herrmanns. Gottes Offenbarung an uns. Vorträge der Aarauer Studenten-Conferenz [M]. 1908.76.

11 布尔特曼：德国新教神学家，存在主义神学代表之一。著有《信仰与理解》、《原始基督教及其背景》、《历史与末世论》等。

12 Karl Barth.Church Dogmatics [M], I/i. Trans.T.H.L. Paker, W. B. Johnson, H. Knight, & J.L.M. Haire . Edinburgh: T. & T.Clark, 1960.150 页及以下.

13 Karl Barth. Church Dogmatics [M], I/i. Trans.T.H.L. Paker, W. B. Johnson, H. Knight, & J.L.M. Haire . Edinburgh: T. & T.Clark, 1960.150 页及以下.

14 Offenbarung Als Geschichte [G]. Edit.Wolfhart Pannenberg. 1961.12.

"如果上帝已经在基督事件的特殊决定性中被完全启示，那么他就不可能一致地'也'在其他的事件、场合和人身上启示。"[15]上帝众多的显现与其独一的自我启示有着如下的关系：第一，自我启示预设了关于上帝的暂时性的知识，这起源于神圣的显现，但在后者中仍是模糊的和不充分的。[16]第二，在上帝的自我启示之先，有着关于上帝的独一自我启示的部分预表，即神圣显现。这些暂时性的预表（Prolepsis）与上帝在耶稣基督身上的最终启示是不同的，尽管耶稣基督仍是历史终末的预表性事件。[17]关于耶稣基督的预表性我们在后文的终末结构与 Prolepsis 部分将会详细叙述。

其次，如果启示是自我启示，那么启示的媒介（Medium）与上帝自身便无法分离。自我启示意指启示者与启示的内容是同一的。这样，上帝借助于它来启示自身的媒介便不是什么异质于他自身的东西，因为只有当上帝与启示之媒介是完全契合时，才会有自我启示。上帝在耶稣基督中独一无二的自我启示，便意味着耶稣基督属于上帝的本质。潘能伯格论述到："启示在被造界的媒介，耶稣基督其人，在其特殊性中复活，被接纳到与上帝自身的统一体中"。[18]这里耶稣基督作为启示的媒介主要强调的是耶稣基督的历史与命运。在耶稣基督的历史中，我们可以反遡性地发现耶稣基督与上帝的统一。

第三，如果启示是上帝的自我揭露，那么启示的形式不可能如巴特所言既是去敝（揭露），又是遮蔽（隐藏）。巴特认为上帝在启示自身的同时又在隐藏，启示的形式（即媒介）在神性之遮蔽现象与敞亮现象之间作周旋。巴特论述到："在基督教对概念的理解中，启示意指某一事实的显明或揭露，而这一事实不仅事实上而且原则上对人是隐藏的。"[19]潘能伯格认为巴特所言的启示形式的双重性（揭露与隐藏）与自我启示的核心是相冲突的。巴特承认启示是自我启示，同时承认上帝与耶稣基督的关系是启示的统一（Offenbarungseinheit/unity-in-revelation）。对此潘能伯格如此分析，如果上帝

15 Offenbarung Als Geschichte [G]. Edit.Wolfhart Pannenberg. 1961.9-10.

16 Wolfhart Pannenberg. The Revelation of God in Jesus of Nazareth [G]. Theology as History, New Frontiers in Theology, Vol. III. Edit.J.M.Robinson and J.B.Cobb. Harper & Row, Publishers, 1967.118.

17 Wolfhart Pannenberg , Response to the Discussion [G]. Theology as History, New Frontiers in Theology, Vol. III. Edit.J.M.Robinson and J.B.Cobb. Harper & Row, Publishers, 1967. 118.

18 Offenbarung Als Geschichte [G]. Edit.Wolfhart Pannenberg. 1961. 9.

19 Karl Barth. Das christliche Verstandnis der Offenbarung [J]. Thelogische Existenz heute NF, 12 [1948]. 5.

是启示的主体和被揭露的那一位，那么启示的统一便要求启示的形式——耶稣基督——能够充分地揭露或显明上帝，而非隐藏。在本质上采取启示的隐藏形式的上帝之观念，与作为自我启示的启示之统一的观念是相互冲突的。[20]

尽管潘能伯格拒绝巴特所言的启示的遮蔽形式，他仍然强调上帝的超越性以及在神圣的自我揭露中上帝的不可理解性。潘能伯格论述到：

> 在耶稣的天命中，以色列的上帝被启示为隐秘的上帝。在被钉十字架的耶稣身上所启示出的上帝的隐秘与超越，超过了关于上帝的哲学观念中的不可理解性这一准则。基于以上理由，人们确实可以知道被钉十字架的那一位的复活是上帝终末论的自我启示。然而，没有人可以看见一切或者穷尽上帝的这一自我显现中所包含的具体的事情。[21]

但是潘能伯格认为真正限制人们关于上帝的自我启示的知识的原因并不在于巴特所言的启示形式的遮蔽性，而在于人类认识的预见性（Prolepsis），即真理具有历史性的特质，现今的一切认识都是对真理之整体的预见或预知（anticipation），因而是有限和暂时的。对此潘能伯格如此论述："基督教知识位于同样的'已经'与'尚未'之间，在复活与耶稣再来之间，这标划了基督徒生命的方方面面"。[22]关于认识的预见性问题，在后文中我们会深入探讨。

综上所述，潘能伯格认为启示是上帝的自我启示，是上帝之本质的完全的自我揭露。自我启示是独一无二的，因为揭露上帝之本质的启示不同于不揭露本质的显现。启示的媒介与启示者自身是同质的，耶稣基督与上帝处于启示的统一之中，与巴特不同之处在于，启示的形式能够完全揭露上帝，而非隐藏。

## 二、直接启示还是间接启示？

潘能伯格认为自我启示的思想必须经由《圣经》见证的证实，才能获得神学上的合理性。他区分了人们思考《圣经》中启示模式的两种类型——直

---

20 Offenbarung Als Geschichte [G]. Edit.Wolfhart Pannenberg. 1961.11.

21 Wolfhart Pannenberg. Basic Questions in Theology [M], Vol.II. trans. George H. Kehm. Philadelphia: Westminster. 1971.42.

22 Wolfhart Pannenberg. Basic Questions in Theology [M]. Vol.II. trans. George H. Kehm. Philadelphia: Westminster. 1971.42.

接启示和间接启示。直接启示即直接（immediately）地将上帝自身作为启示内容，在完全的自我揭露的意义上类似于神显（Theophanie）。"直接"不是指启示的行为，而是指启示的内容而言，其内容最初便与启示者的最终意图相一致。间接启示指启示的最初内容不同于最终所要启示的内容，换言之，启示内容最初的意义被从另一个角度来理解。可见，直接与间接启示的区别并不在于启示行为是否需要媒介，而在于启示的内容，即启示之内容究竟是以直接还是间接的方式与意图相关。[23]在间接启示中，启示者的最终意图唯有在历史之终末才完全显明。

然后，潘能伯格考察了人们通常所言的《圣经》中直接启示的三种情况，但是他认为这三种情况都不与"自我启示"的思想相符合。换言之，在这三种情况下，启示的内容都不是上帝自身，或不是上帝之本质的完全揭露。

首先，直接启示通过上帝之名的宣告。《出埃及记》三章 15 节"你要对以色列人这样说，雅威你们祖宗的神，就是亚伯拉罕的神，以撒的神，雅各的神，打发我到你们这里来。雅威是我的名。"潘能伯格认为这虽然是一个意义斐然的重大事件，以色列人意识到了与雅威交往的可能性。但是这并非自我启示，因为它没有揭露启示者的本质，并且单纯知道其名，不意味着能完全理解其本质。

其次，直接启示通过"上帝之道"（或译"上帝的话语"，das Wort Gottes）。这在戈加藤和巴特为代表的上帝之道的神学（theology of Word）中尤为突出，巴特认为上帝通过上帝之道直接启示自身。[24]但是潘能伯格认为在《圣经》的历史传统中，"上帝之道"并不具备，或仅在边缘上具备现代神学家戈加藤和巴特所言的意义。潘能伯格认为诺斯替教把上帝之道作为神圣者直接的自我显现，但是《圣经》和原始基督教传统并非如此。巴特所言的上帝之道近乎诺斯替教的精神而非基督教的精神。潘能伯格坦言在以色列和早期的基督教传统中，"上帝之道"这一术语有着多重含义，包括雅威所授权的先知话语，或是报道基督事件的使徒宣道或传言（Kerygma）。他强调的是：尽管由雅威所授权或说出的话语在以色列传统中具有根本性的意义，但

---

23 Revelation as History [G]. edit. Wolfhart Pannenberg. trans.David Granskou. New York: Macmillan. 1968.14-15.

24 巴特所言的上帝之道包括《圣经》，福音宣告和耶稣基督。耶稣基督是首要的上帝之道，是上帝之道本身。《圣经》和福音宣告只有在见证耶稣基督时，才是上帝之道本身。

是它仍具有不同于上帝的具体内容。它从未以一种直接的方式将上帝作为其内容。[25]上帝之道（上帝的话语）作为预告（foretell）、显明（forthtell）和报道（report）而与启示相关，上帝的话语需要上帝在历史中的行动或启示事件予以证实。[26]潘能伯格认为依据《圣经》，上帝之道不具备直接的自我启示的特征。

第三，直接启示通过西奈山律法的颁布或是《新约》中的福音宣告。潘能伯格认为这是不成立的，因为这两者都不是对上帝之本质的揭露。律法是从启示而来的，同样，福音宣告指向的是构成上帝在耶稣基督身上的启示的诸事件。他们都不是潘能伯格在本质意义上所言的上帝的自我揭露。

通过以上的分析，潘能伯格抛弃了上帝通过上帝之名、上帝之道或上帝的话语以及律法和福音宣告所作的直接的自我启示的思想。与此相反，他认为与《圣经》见证相一致的是上帝通过在历史中的行动所作的间接的自我启示。潘能伯格论述到："在《圣经》的见证中，上帝的自我启示并非一种在神显（Theophanie）意义上的直接类型，而是间接的，是通过上帝的历史行为来启示。"[27]

与直接启示不同，间接启示不以一种直接的方式将上帝作为其内容，而是上帝的每一行动均表达了上帝本质的某一方面，或是对上帝的部分之表达。因而，没有任何的行动或事件是对上帝的完全揭露，而只能是把上帝之行动的整体视作上帝的启示。这样便有两者可能：第一种可能，在整体中的现实或实在（die Wirklichkeit in ihrer Totalität）被理解为存在者按照一定秩序排列的宇宙。这一井然有序的宇宙被理解为上帝间接的自我启示，这是希腊哲学中思考上帝问题的路径，亦称作自然神学或宇宙神学。第二种可能，现实被视作在时间中展开的过程，在整体中的现实被理解为历史，以此作为上帝的间接的自我启示。上帝完全的自我启示在于历史之终末。这是自莱辛（Gotthold Ephraim Lessing，1729-1781）和赫尔德（Johann Gottfried von Herder，1744-1803）之后的德国观念论的路径。[28]潘能伯格选取了第二种路径。

---

25 Revelation as History [G]. edit. Wolfhart Pannenberg. trans.David Granskou. New York: Macmillan. 1968.10.

26 Revelation as History [G]. edit. Wolfhart Pannenberg. New York: Macmillan. 1968.152.

27 Revelation as History [G]. edit. Wolfhart Pannenberg. trans.David Granskou. New York: Macmillan. 1968.125.

28 莱辛：18 世纪德国启蒙运动时期重要的作家、文学批评家、哲学家和神学家。重

因为在他看来，历史神学是对希腊式的自然神学的发展和突破。自然神学是从"作为宇宙的整体中的现实"出发，来推导出一个神圣本原，即作为最高实体（höchste Substanz）的上帝，这一进路已被一种历史神学所取代。历史神学从"作为历史的现实的统一体"或"作为历史的整体中的现实"中反推出一位历史的上帝，在此上帝被设想为绝对主体（absolutes Subjekt）。虽然，两种路径的方法论是相同的，但潘氏认前者的本体论预设是世界时静止的存在者，为后者无疑是以更加具有目的论导向的、向未来敞开的世界整体代替了一个封闭的、不可变更的世界整体。[29]

上帝的自我启示与普遍历史作为上帝之启示的观念在黑格尔哲学中获得了系统的表述。但是这一路径的问题在于：如果仅是普遍历史或历史之整体才是上帝的启示，那么其中的具体事件，比如耶稣的历史与命运，如何作为启示而具有绝对的意义？这是大卫·施特劳斯（David Freidrich Strauss, 1808-1874）在其作品《耶稣传》（Life of Jesus,1835）的结尾对于黑格尔所提出的劫难。[30]潘能伯格能否解决这一问题，让我们在本章第二节作为启示的历史及其内涵中探讨。

概言之，潘能伯格认为上帝的自我启示是上帝之本质的完全揭露，自我启示并非直接，而是间接的。历史之整体，作为上帝的言说与行动，是上帝间接的自我启示。但启示作为历史之整体与基督事件之间，就启示的内容与意义而言仍存在着张力，这是潘能伯格在其神学一开始便面临的挑战，他对这一问题是否作到令人满意的解答，让我们拭目以待。

## 三、作为上帝之道的启示还是作为历史的启示？

关于作为上帝之道的启示的问题，我们想进一步深入讨论，因为这一问题是潘能伯格神学发端的起点，尽管是从反面的角度而言。潘能伯格早年认为上帝本质的完全的自我揭露即自我启示，是间接地通过历史而进行的，只

---

要著作有：《怀疑论者》（1749）、《拉奥孔》（1766）、《汉堡剧评》（1767-1769）、《智者纳旦》（1779）、《论人类的教育》（1780）。赫尔德：18 世纪德国哲学家、神学家和诗人。重要著作有：《批判之林》（1769）、《论语言的起源》（1772）、《论人的知觉与情感》（1778）、《关于人的历史的哲学思考》（1784-1791）。

29 Revelation as History [G]. edit. Wolfhart Pannenberg. trans.David Granskou. New York: Macmillan. 1968.141.

30 施特劳斯：19 世纪德国哲学家、青年黑格尔派代表之一。重要著作有：《耶稣传》（1835）、《基督教教义》（1840-1841）、《信仰的基督和历史的基督》（1865）。

有在历史之终末，上帝的本质才能完全揭露。因而，自我启示的媒介是历史
——以耶稣基督的历史为终末预表的普遍历史——而非上帝之道。上帝之道
只是作为预告（foretell）、显明（forthtell）和报道（report）与上帝的自我启
示相关。具体而言，上帝之道在启示事件的背景中的作用是：第一，先知话
语预告了雅威在历史中的行动；第二，以色列人的妥拉诫命显明了雅威的神
性；第三，使徒宣道或传言（Kerygma）报道了基督事件。早在上个世纪六十
年代，《作为历史的启示》（1961）一书刚刚出版后，潘能伯格的这一思想便
受到了一些人的批判，批判潘能伯格对待上帝之道的神学的评价过于消极，[31]
以及他对启示性的话语（Wortoffenbarung/revelatory word）这一概念的犹疑不
决。[32]

在《系统神学》第一卷（Systematische Theologie, 1988）中，潘能伯格重
新思考了上帝之道与启示的关系问题，对自己前半生的启示观稍微作了修
正，提出启示作为历史和作为上帝之道。潘能伯格神学的起点针对的是 20 世
纪上半叶的辩证神学，在《系统神学》关于上帝的启示的一章中，他所回应
的对象中仍包括辩证神学。

两次世界大战期间，德国神学的主流是辩证神学。无论是其中以卡尔·
巴特为代表的上帝之道的神学，还是以布尔特曼为代表的传言神学
（Kergmatheologie），这两个派别都与上帝之道这个概念有着根本性的联系。
虽然这一潮流至 20 世纪 50 年代渐入低谷，但"上帝之道"这个概念却引发
了神学界的后起之秀的新阐释。一派是布尔特曼后学（Post-Bultmann school）
——代表人物艾柏林（Gerhard Ebeling, 1912-2001）——将其理解为话语事件

---

31 Carl Braaten."The Current Controversy in Revelation: Pannengberg and His Critics"[J],
*Journal of Religious* 45 [1965]:234-235.

32 19 世纪晚期至 20 世纪初，德语神学界有一场关于自我启示以及启示之媒介的持
久争论。神学家卡尔·路德维希·尼采（Karl Ludwig Nitzsch，1751-1831）提出
了上帝的"外在的、公共的"（outer and public)的启示与"内在的、私人的"（inner
and private）启示的区别。罗德（Richard Rothe,1799-1867）认为启示就是历史，
是历史事件之集合。卡勒（Martin Kähler，1835-1912）试图用上帝之道这一概念
将复杂的启示观统一起来，这为巴特神学开辟了道路。1910 年，伊墨尔斯（Ludwig
Ihmels，1858-1933）提出关于上帝的外部显现需要"启示性的话语"
（*Wortoffenbarun*）作为补充。在《作为历史的启示》一书的前言（p.15-19）中，
潘能伯格粗略地介绍了这一背景。另外可以参考 *Reason for Hope: The Systematic
Theology of Wolfhart Pannenberg*, Stanley J. Grenz, Second Edition, William B.
Second edition. Edermans Publishing Company, 2005, p.33-34.

（Word-event）。[33]另一派则试图寻求已经影响了不止一代人的神学思考的上帝之道的神学之背景，并且在一种历史的理解中寻求着眼点，这一派的代表便是潘能伯格与莫尔特曼（Jurgen Moltmann, 1926-）[34]。其中，潘能伯格在面对作为上帝之道的启示时，他所主要针对的对象仍是卡尔·巴特。

对于巴特而言，上帝自我启示的媒介是上帝之道（Word of God）。上帝之道有三种形式：第一，书面的上帝之道（Written word），即《圣经》；第二，言说的上帝之道（preached word），即福音宣告（proclamation of gospel）；第三，耶稣基督（the Word），这是上帝自我启示的主要媒介。耶稣基督是唯一直接和真正的上帝之道，是上帝之道本身。《圣经》和教会的福音宣告都是间接和派生的上帝之道。《圣经》和福音宣告并不是上帝之道本身，只有它们在特殊的场合下作为耶稣基督之见证时，才成为上帝之道。

在《系统神学》中，潘能伯格对待上帝之道这一问题的处理更为慎重，他主要着手处理如下三点：首先，对巴特所理解的上帝之道予以批判；其次，澄清《圣经》中所言的上帝之道的丰富内涵，并对"上帝之道"这一概念的内涵予以拓宽；最后，修正前期的启示观，提出启示作为历史和作为上帝之道。

首先，潘能伯格对巴特坚持的上帝之道作为上帝的唯一的启示进行批判，这主要集中在如下两个方面：第一，巴特所言的上帝之道缺乏足够的《圣经》依据。在《教会教义学》卷一第一部中，巴特提出耶稣基督是直接的上帝之道，这一命题在他的整个教义学建构中处于基础性的地位。但是他予以的《圣经》支持仅是《约翰福音》三章34-36节，尽管此处圣子被称作上帝的话语的中介，而非话语或上帝之道本身。[35]

第二，潘能伯格认为巴特将上帝的启示仅还原为神圣言说，这并没有公

---

33 艾柏林：德国新教神学家，布尔特曼的学生。重要作品有：《基督信仰的本质》（*Das Wesen des christlichen Glaubens*, 1959）、《话语与信仰》三卷（*Wort und Glaube* I-III, 1960-1970）、《基督信仰的教义学》三卷（*Dogmatik des christlichen Glaubens* I-III, 1979）等。

34 莫尔特曼：德国新教神学家。重要著作有《希望神学》（*Theologie der Hoffnung*, 1964）、《被钉在十字架上的上帝》（*Der gekreuzigte Gott*, 1972）、《三位一体与神的国》（*Trinität und Reich Gottes*, 1980）、《受造界中的神》（*Gott in der Schöpfung*, 1985）、《来临中的上帝：基督教的终末论》（*Das Kommen Gottes: Christliche Eschatologie*, 1995）等。

35 Wolfhart Pannenberg. Systematic Theology [M], vol.1. trans., Geoffrey W.Bromiley, Grand Rapids: WilliamB.Eerdmans. 1991.235.

允地对待《圣经》中复杂多样的启示思想，尤其在《旧约》的启示观念中与自我启示的观念最为贴切的——上帝通过历史行动的间接的自我证明。巴特承认上帝之道这一概念的预设在于上帝之道既是上帝的言说又是上帝的行动。然而，潘能伯格认为在巴特那里，上帝的行动仅仅作为神圣言说之能力的表达（an expression of the power of the divine speaking），在上帝之道这一概念中，行动的方面从属于话语行动的位格方面（personal aspect of the act of speech）。[36]所谓"行动的方面从属于话语行动的位格方面"是指在巴特三位一体论中，圣父、子、灵诸位格的同一性或身份（personal identity）奠基于"上帝说"这一神圣话语行动或话语事件，而不是奠基于上帝在历史中的行动。后者在潘能伯格看来是启示事件中父子灵显现以及彼此相关的方式。关于三一论的根基，我们在后文中会详述。潘氏在此所提出的这一批评与莫尔特曼在《盼望神学》（Theologie der Hoffnung, 1964）一书中对巴特启示观念的批评有着异曲同工之处。莫尔特曼从三一论与启示之关系上将巴特的启示观概括为——上帝在"上帝说"（Deus dixit）这一行动中的自我启示，三位一体奠基于上帝的自我启示这一概念，换言之，奠基于"上帝说"的事件中的主词、谓词和受词。[37]

其次，潘能伯格认为《圣经》中关于上帝之道的思想是复杂多样的，需要对此澄清，否则便有神秘主义与逃避历史批判研究的嫌疑。在《圣经》中，上帝之道包括如下诸方面：宣告神圣行动的先知话语，规范人类行为的妥拉诫命，直接的创世之言，使徒传道，最终是显现在耶稣身上的神圣逻各斯。[38]依据《圣经》，除了《约翰福音》一章 1-2 节之外，在其他部分，上帝是作为话语的作者或主体，但并非直接的是其内容。因而，他拒绝如辩证神学那样把启示等同于上帝之道，潘能伯格仍然坚持上帝之道不是直接的自我启示。

最后，潘能伯格承认自己在早年作品中对待上帝之道的思考有欠公允，尤其在使徒传道与启示事件的关系上。在耶稣基督的历史与天命中——耶稣的历史之整体，天命指耶稣的被钉十字架和复活，上帝的终末启示已经预先显现，这造成了当下的关于启示的认识的断裂。在这一情形下，潘能伯格承

---

36 Wolfhart Pannenberg. Systematic Theology [M], vol.1. trans., Geoffrey W.Bromiley, Grand Rapids: WilliamB.Eerdmans. 1991.227.

37 莫尔特曼.《盼望神学》 [M]. 曾念粤译.道风书社，2007 年.52-53.

38 Wolfhart Pannenberg. Systematic Theology [M], vol.1. trans., Geoffrey W.Bromiley, Grand Rapids: WilliamB.Eerdmans. 1991.242.

认使徒传道对于信仰的奠基性的知识来说，起到不可替代的作用。潘能伯格坚持启示的概念对于上帝之道的概念予以限定，而非相反——即巴特所言上帝之道是唯一的启示，以上帝之道的概念来限定启示的概念。离开了将启示的概念包括其中的《圣经》的历史神学，上帝之道的概念便只能停留在诺斯替教中神话学的层面上（针对巴特）。启示的概念将《圣经》中关于上帝之道的思想的各个方面统一起来，尤其是将先知话语统一到上帝在历史中的行动的自我证明上。关于启示事件与上帝之道的关系，潘能伯格如此论述："与此同时，启示事件，作为上帝的历史计划之实现的预期成就（anticipatory fulfillment）以及在历史终末的上帝之荣耀的显现，其自身便是一种上帝之道的综合观念的内容。在完全的意义上，这一事件，也唯独它，可以被称作上帝之道。"[39]

在这里我们看到，潘能伯格在"上帝之道"这一问题上态度的转变。这一转变，跟他后期系统神学的主题有关系，在三卷《系统神学》中潘能伯格试图通过三一上帝的主题来解决神学中的基本问题。他无法否认上帝的话语作为上帝的启示，虽然不是直接的启示。虽然前后期他使用的是同一个概念，但是其内涵是不同的。他在前后期都不主张将上帝之道视作直接的上帝的启示，或如巴特所言的作为上帝唯一的启示——将上帝之道等同于上帝的启示。但是他后期用上帝之道这一概念时，其内涵无疑的更为宽泛的。他认识到《圣经》中蕴含着复杂多样的关于"上帝之道"的思想，希望通过上帝的自我启示的概念将这些复杂的思想统一起来。

尤其在耶稣基督的历史与上帝之道的关系这一问题上，潘能伯格进行了新的阐发。这与他在 60 年代末以及 70 年代与伽达默尔（Hans-Georg Gadamer, 1900-2002）[40]的对话有关，对历史这一观念予以敞开性的界定。历史是历史事件与历史意义的统一，包括历史事件以及人们对历史事件的理解与解释。那么，耶稣基督的历史便不能仅仅包括实在的耶稣的生平，还应包括人们对此的理解传统。那么上帝之终末荣耀的天启盼望与使徒传言（kerygma）便是其中的重要组成部分。潘能伯格对历史的理解融入了当代哲学诠释学的要

---

39 Wolfhart Pannenberg. Systematic Theology [M], vol.1. trans., Geoffrey W.Bromiley, Grand Rapids: WilliamB.Eerdmans.1991. 256-257.

40 伽达默尔：德国当代哲学家、美学家，现代哲学释义学和释义学学美学的创始人和主要代表之一。主要著作有《柏拉图与诗人》（1934）、《真理与方法》（1960）、《短论集》四卷（1967-1977）、《美的现实性》（1977）、《欧洲的遗产》（1989）等。

素，从而使得他关于启示、上帝之道与历史的关系的理解也相应发生变化。

概言之，潘能伯格遵循现代神学的传统，将启示这一概念作为基督教神学的基础。我们关于上帝的知识仅在于上帝使他自身为我们所认识，即在于上帝的自我启示。启示是上帝的自我启示，是上帝之本质的完全揭露。自我启示不是直接的，而是间接的，即不直接以上帝自身作为启示的内容，而是间接的通过上帝在历史中的行动和上帝之道。与辩证神学的不同之处在于，上帝之道不等同于自我启示，上帝之道也不是上帝直接的自我启示，最终上帝之道的启示从属于上帝在历史中的启示。因为只有在历史之终末，上帝的本质才完全揭露。潘能伯格前后期的启示思想，在启示的内涵和实质，直接启示还是间接启示这些根本性的问题上没有发生大的思想转变。但是关于启示的媒介，前期认为启示的媒介仅是历史，上帝之道与启示历史相关；后期有所转变，认为上帝之道和历史都是作为启示，但是仍坚持上帝的主要启示在于历史。

# 第二节、历史主义的进路

## 一、历史作为一个基本原则（Grundprinzip）

基督教的传统观念认为启示是神圣通传的（divinely communicated）、无法质疑和绝无谬误（infallibility）的真理。自从 18 世纪启蒙运动起，这种观点受到了在来自于自然科学、哲学，尤其是新兴的历史科学的批判。康德论述到："《圣经》神学家表明上帝存在，因为上帝已经在《圣经》中说话……但是神学家以这种方式来确立上帝确实透过《圣经》说话，这既不可能又不合理。（因为），这是一个历史的问题。"[41]

潘能伯格对于启蒙运动中理性的批判精神，尤其是理性的历史批判精神表示赞同，认为神学并没有逃避历史批判的特殊礼遇。历史的主题贯穿于潘能伯格思想的始终，从启示与历史的关系，直至人论、基督论以及上帝论，历史主义的进路是其一以贯之的神学主题和神学方法。欧陆和英美的一些潘能伯格神学研究者将历史视作潘能伯格神学的一个"基本原则"（Grundprinzip），这是基于其前期的纲领性作品《作为历史的启示》（1961）以及相关著作而得出的相当中肯的结论。最早的一篇关于潘能伯格思想研究

---

41 Kant. Der Streit der Fakultaten [M]. volume 9 of *Werke*.ed. Wilhem Weischedel.285.

的博士论文是 1969 年一位荷兰学者 J.W. van Huyssteen 所作。[42]他强调了潘能伯格神学中的理性要素，明确称其为一种历史神学（theology of history）。英国学者加洛威（Allan Galloway）认为潘能伯格思想的突出之处在于其对历史与神学的关系的理解上。[43]对于巴特、布尔特曼和蒂利希（Paul Tillich, 1886-1965）而言，[44]历史给神学带来了麻烦和纷争。但是，对于潘能伯格而言，历史给神学提供了答案。加洛威论述到："历史研究与系统神学之间的这种新的关系，其中历史成为信心而非疑惑的来源，神学成为一种可靠的历史哲学的来源，这种新的关系使得神学的整个导向和气质发生了深远的转变。"[45]这里"神学的整个导向和气质的转变"是相对于 20 世纪上半叶巴特、布尔特曼和蒂利希为代表的辩证神学和存在主义神学而言的。另一位美国学者彼得斯（Ted Peters）在一篇关于潘能伯格和伽达默尔的比较研究的论文中，将伽达默尔的方法论描述为从历史到解释学的方法，潘能伯格的方法论则是从解释学到历史的。[46]

潘能伯格对历史的强调出于很多原因。他将历史视为上帝之自我揭露（self-disclosure）以及人类逐渐实现自身命运的场所，因而历史对于神学和人类学都是不可或缺的。他在<救赎事件与历史>（1959）中写到，"历史是基督教神学最为综合的视域。一切神学问题及其答案只有在历史结构中才有意义，而历史是上帝与人类并借着人类同上帝的整个创造所共享的，这一历史指向未来，这未来对于世界仍然隐而未现，但在耶稣基督身上却已经被启示出来。"[47]这段话基本预示了潘能伯格一以贯之的历史主义的神学进路。

潘能伯格的这一神学进路，主要是为了反拨 20 世纪上半叶新教神学中非历史化的倾向而提出。在 20 世纪上半叶，新教辩证神学中两位扛鼎人物巴特和布尔特曼的神学都表现出了强烈的非历史化倾向。一方面，巴特对启示与

---

42 J.W. van Huyssteen.Theologie van die Rede: Die funksie van die rasionele in die denke van Wolfhart Pannenberg. Kampen: J.H.Kok,1970.

43 加洛威：苏格兰籍神学家，格拉斯哥大学教授。著有《沃夫哈特·潘能伯格》。

44 蒂利希：德裔美国新教神学家，存在主义神学代表。重要著作有：《存在的勇气》（The Courage to Be, 1952）、《文化神学》（Theology of Cluture,1959）《系统神学》三卷（Systematic Theology I-II, 1951-1963）等。

45 Allan Galloway. Wolfhart Pannenberg [M]. London: George Allen & Unwin, 1973.11.

46 Ted Peters. Truth in History: Gadamer and Pannenberg's Apologetic Method [J]. The Journal of Religion, 55:36-56. 1975.

47 Wolfhart Pannenberg. Basic Question in Theology [M], vol. I. Trans. George H. Kehm. Philadelphia: Fortress. 1970.15.

历史的关系作出了的辩证化的解释，尤其在其早期神学思想中，刻意维护启示之超越性而将启示与历史割裂。巴特最初站在破除 19 世纪以降的新教自由主义神学中的人类中心化的立场上，在启示与历史之间作出取舍，以上帝之道来质疑自由派的历史批判的方法，这在他早年辩证神学的代表性作品《罗马书释义》以及《哥廷根教义学》中有着明显的表现。这甚至引发了 1923 年巴特与哈纳克就启示与历史问题的公开辩论。巴特认为"历史只要是批判性的材料堆砌，……[就]不是历史，而只是拍摄下来和经过分析的混沌而已"。耶稣的生死绝不能被视作在时间中发生的无数"历史事件"中的一部分，"他被钉十字架而复活，……作为这样的人，他就摆脱了历史事物的相对性，摆脱了时间对历史事物的根本威胁，摆脱了死亡。……他的复活是'非历史的'事件"。巴特指出启示是上帝的自我揭露/自我启示（self-disclose/self-revelation），启示的主体和客体都是上帝自身，启示在历史中（in history）发生，但并非是历史的（of history）。启示与历史之间，诚如上帝与人之间那样，有着"无限本质区分"。他在《教会教义学》中对启示与历史的关系采取了辩证的处理，不能简单地被界定为历史的或非历史的，但他仍然拒绝启示的"一般历史性"（alllgemeinen Geschichtlichkeit），只接受其"特殊历史性"（besonderen Geschichtlichkeit）[48]。

历史总是有着惊人的相似性，30 多年之后，潘能伯格与跟他同一战线上的莫尔特曼就相似的问题对巴特提出了批评。潘能伯格主要对巴特的早期神学，尤其是其对道成肉身予以源初史（*Urgeschichte*/primordial history）的解释的批评。潘能伯格认为源初史的思想跟克勒（Martin Kähler, 1835-1912）[49]坚持救赎历史（*Heilsgeschichte*/redemptive history）的传统大有渊源，认为信仰的真实内容是超历史的。这一思想在霍夫曼（Konrad Hofmann, 1810-1877）[50]关于救赎历史（Heilsgeschichte）与普通历史（Historie）的分野中初见端倪，而

---

48 按照巴特用法，"一般历史性"指关于历史的一般概念，它评价并判断历史事件的可能性与实在性。"特殊历史性"专指一特殊历史事件的神性方面，即《圣经》所见证的历史事件耶稣基督。Karl Barth, Church Dogmatics，卷一第一部，第 326 页。

49 克勒：德国新教系统神学家、《新约》学者。重要作品有《基督教教义的科学》（Die Wissenschaft der christlichen Lehre, 1883）、《十字架：基督论的根源与准则》（Das Kreuz: Grund und Maß für die Christologie, 1911）等。

50 霍夫曼：19 世纪德国路德宗神学家。著有《新旧约中的先知预言与应验》二卷（1841-1844）、《圣经证明：神学性的尝试》（1852-1855）等。

在 20 世纪的典型代表便是巴特对道成肉身作为"源初史"的解释。概言之，巴特试图将一般的人类历史提升到神圣历史或救赎历史之中，或以救赎历史来涵盖一般的人类历史，这以丧失人类历史的客观性为代价。与潘能伯格同时代的另一位德国神学家莫尔特曼对此的评价是"终末以超验的方式侵入历史，让人类的历史陷入最后的危机。然而，这使得终末成为超验的永恒，成为所有时代的超验意义，它跟历史上所有的时代都是同样地接近，也是同样地远离。"[51]虽然，莫尔特曼侧重从终末论、永恒与当下的关系的角度，潘能伯格是从启示与历史的关系的角度，对巴特神学予以批判，但是他们反对的共同对象都是巴特以完全超验的角度来理解启示，谈论"非历史的"（das Ungeshichtliche）、"在历史之上的"（das Ubergeshichtliche）、或"源初史的"（das Urgeshichtliche）内容。潘能伯格尤其将源初史的概念视作非历史的、神话学的概念，这一概念更加的倾向于诺斯替教的精神而非基督教精神。

另一方面，以布尔特曼为代表的存在主义神学，这是与巴特的关于上帝的超验主义倾向完全相对的一极。巴特认为宗教经验对于上帝之启示而言是"毫无防卫之表达"[52]。布尔特曼却认为必须从个人自身的体验、境遇出发来理解启示。上帝之"自我启示"究竟是"上帝自身"（Gott sich selbst）必须向"我们"（an uns）启示？还是上帝（Gott sich）必须向"我们自身"（an uns selbst）启示？这是我们上一节在启示是上帝的自我启示中提出的问题。巴特的选择是前者，布尔特曼的选择却是后者。布尔特曼对巴特的批评是巴特的启示观没有考虑到诠释学的内容，即没有考虑人如何与上帝的启示相遇的问题。布尔特曼认为倘若谈论上帝，必须谈论人，谈论人如何与上帝相遇。在人的生存之问中，随之产生上帝之问。"假如我们无法谈论上帝，我们便无法谈论我们的生存；而假如我们无法谈论我们的生存，我们便无法谈论上帝。我们只能两者兼顾，才能做到……如果有人问，如何能够谈论上帝，那么答案一定是：只有谈论我们。"[53]因此，对于《圣经》经文布尔特曼便采取了生存论诠释和去神话的原则。他区分了 Historie（事件的历史）和 Geschichte（意义的历史）。[54] Historie 是指事件的单纯叙述的历史。Geschichte 是指其生存意

51 莫尔特曼.《盼望神学》 [M]. 曾念粤译，道风书社，2007 年.35-36.

52 Karl Barth.Die Theologie und die Kirche[ M]. Bd.269.

53 Rudolf Bultmann. Glauben und Versehen[M]，Band 1. Tubingen: J.C.B. Mohr. 1966.33.

54 布尔特曼对这一对概念的区分受到海德格尔的影响，海德格尔在《存在与时间》一书中区分了 Historie 和 Geschichte，陈嘉映先生将前者译为"历史学"，将后者

义为我们所解释的历史。布尔特曼强调 Geschichte 的内涵，他的神学又被称作传言神学（theology of Kerygma），传统的基督神人二性、诞生、死亡、复活的历史不再是基督教的核心，而是耶稣基督所传讲的"原始福音"对每个个人当下生存的意义。

潘能伯格将布尔特曼视为 19 世纪德国神学家施莱尔马赫（Friedrich Schleiermacher，1768-1843）的主观主义（subjectivism）的嫡系继承人，将《新约》中的启示与救赎事件予以存在主义的解释，强调个人在"历史性"中对历史意义的体认，其结果便是将历史消解于生存的历史性(die Geschichtlichkeit der Existenz) 中。[55]存在主义神学将救赎历史与启示事件还原为信仰主体之生存抉择，个人之真实自我的揭露，而非建基于科学的、历史批判基础上的判断。潘能伯格针锋相对地提出信仰是不可能自我产生的，它必须是由一永恒事件所引起。同样，主体之信仰抉择不可以取代信仰之客观对象和内容，即上帝在历史中的启示与上帝在历史中的行动。

潘能伯格认为无论是救赎历史的神学还是存在主义神学，他们的共同起点都是认为作为一门科学的历史研究没有给救赎事件（redemptive events）留有余地，因而便采取了一种逃匿的手段。救赎历史的神学逃匿到超历史中去，巴特则是逃匿到原初历史中去。出于同样的理由，存在主义神学从无意义的"客观的"历史进程中隐去，而挺进在个人的"历史性"（Geschichtlichkeit/ historicity）中对历史之意义的经验。换言之，它们过渡相信当时盛行的关于事实知识（factual knowledge）之本质的实证主义的预设，将事实与解释、事件与意义相分裂，认为解释与意义是外在于事实和事件的，是派生的而非事件本身固有的。存在主义神学尤其为甚，它使得启示事件的真实内容——以色列的真实历史与耶稣的历史实在——与其意义相分裂，而仅仅是作为人的真实生存结构的揭露。对于布尔特曼而言，关于耶稣之历史生平的研究，其结果无论肯定还是否定，都无关乎最终的神学意义。对此潘能伯格大为不满，称其从历史实在逃匿到无时间的（timeless）、无内容的"传言"中，传言若与历史的基础和历史内容相脱节，那不过是空洞的断言。至此，潘能伯格在《救

---

译为"历史"，Historie 指实际发生的事件；Geschichte 指对所发生事件的记载、反省和研究。敝文作者认为单从字面难以将其区分，于是根据其内涵，将其翻译为"事件的历史"与"意义的历史"。

55 Wolfhart Pannenberg. Basic Questions in Theology [M]. vol,1. trans. George H. Kehm. Philadelphia: Fortress. 1970.15.

赎事件与历史》一文中明确宣告与 20 世纪上半叶的辩证神学和存在主义神学决裂，而探索一种新的以历史为依据的神学进路，"（因而）在今天与存在主义神学和救赎历史神学的论辩中，救赎事件的历史品性必须被宣告，与其一并宣告的是批判的历史研究的方法论原则。"[56]

## 二、普遍历史与历史之终末结构

巴特坚持作为上帝之道的启示，认为帝之道是自我充足与确证的，因而在探究上帝的启示中，历史与历史追问并非必不可少的要素。与此相反，潘能伯格认为上帝的自我启示的媒介是历史，启示是上帝在历史中间接的自我启示或自我揭露。关于上帝在历史中间接的自我启示这一核心要点，在潘能伯格神学的前后期没有发生改变。潘能伯格的启示观念受到《旧约》学者冯·拉德（Gerhard von Rad，1901-1971）的影响，[57]冯·拉德认为神学最终是对历史的解释。在《作为历史的启示》一书的<关于启示之教义的教义学命题>（Dogmatic Theses on the Doctrine of Revelation）一文中，潘能伯格用七个命题概括了启示与历史的关系，我们将会对他的命题中所揭示出的这一关系以及对作为启示之历史的内涵与结构进行讨论。

命题一：在《圣经》的见证中，上帝的自我启示并非一种在神显（theophany）意义上的直接类型，而是间接的，是通过上帝的历史行为来启示。

命题二：启示不是在启示历史的开端被完全把握，而是在其终结。

命题三：与神性的特殊显现不同，历史启示向每一个有眼睛可以看的人开放。它具有一种普遍的性质（a universal character）。

命题四：上帝之神性的普遍启示尚未在以色列的历史中实现，而是首先在拿撒勒人耶稣的天命中实现，就此而言，一切事件之终结在耶稣的天命中被预演（anticipated）。

命题五：基督事件不是作为一个孤立的事件来启示以色列上帝的神性，而是作为上帝与以色列历史中的一部分。

命题六：在外邦基督教教会的非犹太教的启示观的形成过程中，在耶稣

---

56 Wolfhart Pannenberg. Basic Questions in Theology [M]. vol,1. trans. George H. Kehm. Philadelphia: Fortress. 1970.16.

57 冯·拉德：德国新教神学家，《旧约》学者。重要著作有：《旧约神学》二卷（*Theologie des Alten Testaments* I-II, 1957-1960）、《以色列的智慧》（*Die Weisheit in Israel*, 1970）等。

的天命（Geschick）中上帝之终末的自我证明（self-vindication）成为了实际的表达。

命题七：上帝的话语作为预告（foretell）、显明（forthtell）和报道（report）而与启示相关。

潘能伯格认为《旧约》中的启示观念奠基于以色列的传统，其中对雅威的认识是通过他在历史中的行动。起初，这一观念与以色列人逃出埃及的那段历史联系起来，他们将其视作雅威最初的救赎行动。在以色列人过了红海后，《圣经》中写到："以色列人看见耶和华向埃及人所行的大事，就敬畏耶和华，又信服他和他的仆人摩西。"（出埃及记 3：14）。可见，信念是历史事实之确据的结果，这一历史事实揭露了雅威的救赎，雅威的神性和权能。在《申命记》中，出埃及和赐予土地被视作雅威的自我证实或自我辩护（self-vindication）："因他爱你的列祖，所以拣选他们的后裔，用大能亲自领你出了埃及，要将比你强大的国民从你面前赶出，领你进去，将他们的地赐你为业，像今日一样。所以，今日你要知道，也要记在心上，天上地下惟有耶和华他是神，除他以外，再无别神。我今日将他的律例诫命晓谕你，你要遵守，使你和你的子孙可以得福，并使你的日子在耶和华你神所赐的地上得以长久。"（申命记 4：37-40）。最后一句话表明，雅威审判的权能奠基于他救以色列人出埃及和赐予土地这些历史上的自我证实。出埃及和赐予土地被以色列人视作关于上帝的认识的决定性的要素，即上帝的自我启示。[58]

然而，在以色列人的大流散时期，先知们不再将以上的历史事件视作雅威的最终的自我证实。先知以赛亚宣告了国家的覆灭，以及雅威的新的救赎行动，在其中雅威将在世上的万民万国中显明他的神性，证明他不仅是以色列的上帝，还是所有人的上帝。其后，天启文学将雅威最终的自我证实与终末事件联系起来，并且预想他在荣耀中的显现。在《新约》中，这一终末期盼也是耶稣宣告的一部分。只有在先知和天启盼望的传统中，才可以理解耶稣的复活是作为上帝的终末式的自我证实。[59]

另一方面，潘能伯格受到罗夫·伦托夫（Rolf Rendtorff，1925-）[60]的影

---

58 Revelation As History[G]. edit.Wolfhart Pannenberg. New York: The Macmillan Company. 1968.126.

59 Revelation As History[G]. edit.Wolfhart Pannenberg. New York: The Macmillan Company. 1968..126-127.

60 《旧约》学者伦托夫为"潘能伯格圈子"的成员之一，在《作为历史的启示》一

响，认为上帝的自我启示与上帝之荣耀的观念密切相关。比如《出埃及记》十四章18节，"我在法老和他的车辆、马兵上得荣耀的时候，埃及人就知道我是耶和华了"，以及十六章 6 节，表明了雅威的荣耀是雅威之自我启示的表达。在大流散之后的先知和天启文学传统中，雅威的荣耀的显现成为一个被期盼的将来的事件，比如《以赛亚书》四十章 5 节："耶和华的荣耀必然显现，凡有血气的，必一同看见，因为这是耶和华亲口说的。"在《新约》中，上帝之荣耀的启示与原始基督徒的终末期盼有关系。尤其在保罗神学中，上帝的荣耀显现在耶稣的天命中，因而保罗宣告那被钉十字架的耶稣。

潘能伯格认为启示的教义学观念必须追溯其《圣经》传统，按照这一传统，上帝间接的自我启示透过他在历史上的行为显明。但是每个被当作上帝之行动的个别事件只是部分地揭露上帝的本质，因而只有历史之整体作为启示时，上帝的本质才能完全显现。在《系统神学》中，潘能伯格重申了以上思想，他用应许（promise）与实现（fulfillment）来解释上帝在历史中的行动与启示。

与间接性密切相关的在于如下的事实，关于上帝的认识仅在于对他在历史中过去的行动的回顾，正如摩西仅在上帝的荣耀发生之后才看到了上帝的荣耀。既然在以色列中关于上帝的基本认识并非依赖于一个单一的神圣行动，而是在于一系列的神圣通传，从出埃及时对父辈的应许，到应许之地的占有，因而，对上帝的认识仅在一系列启示事件的结尾才获得。这并未排除对将来的预先揭露（anticipatory disclosures）的可能性……此外，应许的上帝的神性仅通过对应许的强有力的实现来显明，恰如相反地，在实现中，应许是认识上帝的前提。

早在 1959 年，<救赎事件与历史>一文中，潘能伯格使用上帝的应许与实现之间的张力来建构历史，这根源于《旧约》传统对历史的理解，历史是发生于上帝的应许与实现之间的事件。但在《作为历史的启示》（1961）一书中，潘能伯格放弃了应许与实现的这一图示，转向了普遍历史之终末的进路，即现实在整体上尚未显明，因为它尚未终结，在历史之终末，整体中的现实即普遍历史，将成为上帝完全的自我揭露。在《神学作为历史》[61]（1967）一书

---

书中著有<古代以色列中的启示观念>一文。潘能伯格坦言上帝在历史中的自我启示的观点最初由伦托夫提出，但是伦托夫后来放弃了这一观点。

61 *Theology as History*, New Frontiers in Theology, Vol. III。这部书是欧洲大陆神学家

中，潘能伯格解释了放弃应许与实现这一图示的原因。所谓的影响历史之神圣话语（被理解为上帝的应许）与在历史事件中话语的实现这一图示并不充分，因为应许与实现之间并不连贯，应许并未以人们所想象的那样作为影响历史的上帝的话语来完全实现。[62]在《系统神学》中，潘能伯格将普遍历史和应许与实现的图示结合起来，解释上帝在历史中的启示。

在前期，潘能伯格虽然放弃用应许与实现的图示来解释历史，但是关于历史作为整体中的现实的思想却是一以贯之的，潘能伯格所言的历史是作为"整体中的现实"的历史。潘能伯格认为这一历史观念与《旧约》中以色列人的传统的历史观相一致。以色列人的历史意识植根于他们的上帝之观念，上帝在历史进程中不断证实自身。以色列人的历史意识是以上帝在历史中的行动为导向的。潘能伯格论述到："上帝一次又一次展开新的行动，他是一位'活着的上帝'，这些确证奠定了以色列人的如下思想的基础——把现实理解为朝向一个目标的线性的历史。"[63]最终，以色列人发现现实就是历史本身，"（因而）以色列人发现历史不仅是现实的一个特殊领域；它最终将整个被造界引入历史。历史就是在整体中的现实（die Wirklichkeit in ihrer Totalität/reality in its totality）。"[64]

潘能伯格所言的历史是"普遍历史"（Universalgeschichte/universal history），同时又是"传统历史"（Überlieferungsgeschichte/the history of the transmission of traditions）。前者将历史的偶然事件整合到一个融贯的历史整体中，强调历史的统一性。后者坚持事件和意义相统一的历史，把Historie（事件的历史）与Geschichte（意义的历史）结合起来。无论是作为普遍历还是作为传统历史，潘能伯格都是在在哲学诠释学背景下来重新界定历史。

潘能伯格认为任何具体事件的意义只能在与其相关的其它事件的背景下才能理解，从纵深而言，便是在历史的统一性与普遍历史来理解。在第一节直接启示还是间接启示中，我们讲到这一普遍历史的神学进路是对希腊式的宇宙神学或自然神学之进路的取代，以"作为历史的现实"的统一性来取代

---

与美国神学家的对话的系列丛书之一。

62　Wolfhart Pannenberg .Respons to Discussion [G]. Theology as History , New Frontiers in Theology, Vol. III. 1967.259.

63　Wolfhart Pannenberg. Basic Questions in Theology [M]. vol,1. trans. George H. Kehm. Philadelphia: Fortress. 1970.18.

64　Wolfhart Pannenberg. Basic Questions in Theology [M]. vol,1. trans. George H. Kehm. Philadelphia: Fortress. 1970.21.

"作为宇宙的现实"的统一性。这一神学进路根源于莱辛和赫尔德以降的德国观念论，在黑格尔哲学中臻于成熟。

然而，潘能伯格对待先前的普遍历史的神学是有所批判的，他认为普遍历史的神学抹杀了历史进程中具体事件的特殊意义。反其道而行之，潘能伯格认为历史的基本特征是事件的偶然性和独特性，每一历史事件或多或少都是不可重复的。一个充分的历史之概念的考察，必须关乎事件的偶然性和独特性。在此基础上，潘能伯格拒斥以下两种历史观：第一，特洛尔奇（Ernst Troeltsch，1865-1923）[65]提出的历史事件的基本同质性或近似性（*Gleichartigkeit*/ homogeneity），认为一切事件之意义都必须在历史之统一的、普遍的同质性或近似性中被把握。[66]第二，黑格尔的历史观念，历史之统一性必须从历史的整体及其终末来理解。潘能伯格认为这样历史便丧失了一个敞开性的将来的维度，而成为封闭的系统。[67]

潘能伯格认为历史的连续性或统一性与历史事件的偶然性有着共同的根源，其根源是超越历史的存在，即上帝。"上帝，凭借其自由之超越，是世界中的偶然性的根源，同时也是将偶然事件构建成为历史之统一性的根据。以此种方式，作为历史的必要部分之事件的偶然并未被排除在外。"[68]因而，整合了偶然性的历史之统一性即作为历史的整体中的现实便是上帝自身的表达或自我揭露，是上帝间接的自我启示。

潘能伯格认为普遍历史的建构不是从过去驶向将来的线性过程，因为自由之上帝的新的行动即新的现实，不能单凭过去的事件被预见。不可预见的偶然事件具有反溯力（*Rückwirkung*/retroactive force），以反溯地方式融入过去，改变过去，重构历史之连续性。通过这种反溯的综合（retroactive integration），连续重构历史之统一，上帝揭露自身。潘能伯格论述到："只有以这种方式，偶然的新生事件被反溯综合到过去，而非相反的作为预先决定

---

65 特洛尔奇：19世纪德国信义宗系统神学家、宗教哲学家。著有《基督教的绝对性与宗教历史》（*Die Absolutheit des Christentums und die Religionsgeschichte*, 1902）、《历史主义及其问题》（*Der Historismus und seine Probleme*, 1922）等。

66 Wolfhart Pannenberg. Basic Questions in Theology [M]. vol,1. trans. George H. Kehm. Philadelphia: Fortress. 1970.45.

67 Wolfhart Pannenberg, Basic Question in Theology [M]. vol. II. trans. George H. Kehm. Philadelphia: Fortress. 1971.22

68 Wolfhart Pannenberg. Basic Questions in Theology [M]. vol,1. trans. George H. Kehm. Philadelphia: Fortress. 1970.74-75.

的奥秘及其后果，历史的基本连贯性才可以在不牺牲历史之偶然性的条件下被构想。"[69]反遡的连续性（retroactive continuity）是以事后的（post festum）和后验的（aposteriori）的方式去回顾历史中已发生的事件，来构建历史的统一性。它最终表明历史的基质是将来之来临，"将来的真正本质在于不可预见的新生，它尚隐匿在将来的子宫之中。"[70]

潘能伯格用反遡性原则讨论耶稣与上帝的统一性问题。他认为复活事件具有反遡性的力量，能够反遡性的证明耶稣的神性，即耶稣与上帝的统一。潘能伯格论述到：

> 在某种程度上，这并非一个特例，即对于我们的知识甚至关于耶稣之所是而言，耶稣的本质是反遡性地通过他生命的末尾，通过他的复活而确立的。如果他没有从死里复活，确立的便是他先前没有与上帝统一。但是凭借他的复活，对于我们的认识，甚至现实而言，耶稣与上帝统一，并且反遡性地，耶稣先前一直与上帝统一。[71]

潘能伯格认为普遍历史的观念奠基于上帝的间接的自我启示之观念，上帝不是直接将其自身作为启示的内容，而是将其行动之整体作为启示。历史的终末设定了历史的过程，这一过程从本质上属于上帝的自我启示，因为历史从其终点（finis）和目的（telos）反遡性地获得统一性。潘氏所言的普遍历史包含如下两层含义：第一，包含连续统一性与事件之偶然性的历史。第二，这一历史不仅包含过去，更是朝向将来，朝向终末的将来（eschatological future）。普遍历史是包含历史之终末（即合目的性）的历史。在此，eschatology被翻译为"终末"，而不是"末世"。因为"末世"有《新约圣经》之《约翰福音》中末世审判的意味，而"终末"主要强调的是历史的最终合目的性。普遍历史与终末历史是互相印证的一对概念。普遍历史是包含历史之终末的历史，历史终末以普遍历史为前提。

就普遍历史的概念，潘能伯格与黑格尔的一致之处在于：首先，在整体中的现实（die Wirklichkeit in iher Totalität）被理解为历史。其次、真理的本

---

69　Wolfhart Pannenberg. Basic Questions in Theology [M]. vol,1. trans. George H. Kehm. Philadelphia: Fortress. 1970. p.75-76.

70　Wolfhart Pannenberg. What is Man? Contemporary Anthropology in Theological Perspective [M]. trans. Daune A. Priebe. Philadelphia: Fortress. 1970.42

71　Wolfhart Pannenberg. Jesus-God and Man [M]. trans. Lewis L. Wilkins and Duane A. Priebe. London: SMC. 1968.136.

质在普遍历史之终末才完全显明。至于两者的区别，笔者认为主要有两方面：

首先，黑格尔的普遍历史是一个封闭的结构，潘氏强调历史向终末敞开以及终末未来的来临。耶稣的历史，即终末预表，是普遍历史可能的条件。普遍历史概念的最初提出是在《救赎事件与历史》（1959）一文中，该文的前半部分主要探讨以色列人传统的历史观念，即将在整体中的现实理解为历史。后半部分则探讨普遍历史与作为历史终末之预表（Prolepsis）的耶稣的历史之关系，彰显了历史终末的维度。在《启示作为历史》（1961）一书中，潘能伯格更加明确宣称作为历史终末之预表的耶稣的历史是普遍历史这一概念得以理解的前提。

其次，潘能伯格所言的普遍历史与人们对于上帝之国来临的盼望有关。潘能伯格的历史观除了受到黑格尔的影响之外，还受到《旧约》学者 von Rad 的影响，尤其是犹太天启（apocalyptic）传统。

概言之，耶稣的历史整体即他的出生、成长、传道、事工以及死亡、复活，作为人类普遍历史的预表，说明了普遍历史及其终末的合目的性。耶稣的历史是普遍历史概念的前提。在潘能伯格那里，普遍历史、历史终末和终末预表是互相印证的，构成了一个诠释学的循环。

## 三、传统历史

潘能伯格认为历史的本质是传统的进程，因为历史事件是在传统背景中发生，在其中传递其意义。历史中交织着 historie（事件的历史）和 geschichte（意义的历史），历史从来都不是由天然事实构成的。潘能伯格论述到：

> 作为人类历史，事件总是与理解交织在一起，在希望与回忆中，理解的传承就是历史事件本身的一部分……因而，历史总是"传统历史"（*Überlieferungsgeschichte*）。甚至自然事件，包容在一个民族的历史之内，仅当它们与该民族的传统和期待发生消极或积极的关系时，它们才是有意义的。历史事件言说着其自身的语言，即真相的语言（language of facts）；然而，该语言只有在特定的事件所发生的传统和期待的背景下，才是可理解的。[72]

潘能伯格反对布尔特曼在意义的历史与事件的历史所作的区分，而坚持

---

72 Revelation as History [G]. edit.Wolfhart Pannenberg. New York: The Macmillan Company. 1968.152-153.

历史就是交织着事件与意义的传统历史。传统提供了语言学背景——观念、记忆与期待，在其中新的事件被有意义地经历，并被传承下去。

潘能伯格认为传统历史表明了一种诠释的过程，其中在新的经验和关于未来的期盼中，传统在继承中同时又不断被予以修正。传统为新事件的涌现提供了背景和处境，只有在传统的背景和处境下，新事件的表达才是可能。同时，传统又在由新事件的涌现所构成的持续的历史过程中被予以新的解释，被赋予新的意义。耶稣的复活便是关于传统的这一诠释学功用的经典表述：耶稣的复活虽然打破了犹太人的天启盼望（apocalyptic expectation），但只有在犹太天启传统中，复活本身的意义才可以被理解。同时，在使徒的宣讲（kerygma）中，尤其是在他们向希腊世界的宣讲中，犹太天启传统又被赋予了新的理解与意义。

历史是传统历史，这意味着必须把在传言神学中所分开的两方面重新整合起来：一方面，是圣言、圣言事件、诠释和评价等，另一方面是事件、真相和真相的脉络等。那么，作为传统历史的历史神学，指的并非在实证史学里所描述的天然事实（bruta facta）[73]，而是"传统的期待的脉络中神圣的真相语言"。在这种意义上，历史才总是传统历史，潘能伯格声称"传统历史被视为历史的更深的概念"。[74]作为上帝之自我启示的历史事件必须被带入事件发生及其赢得原始意义的传统脉络中，这样"事实"与"意义"的区分才被合理地扬弃。传统历史这一概念旨在解决一个诠释学的问题，即一个发生在过去的特殊的历史事件——复活事件——如何被当代人所理解并被赋予意义。

## 四、一种新的历史观念？与伽达默尔对话

潘能伯格认为历史是传统历史，只有把复活事件放入犹太人的天启盼望传统中才是可理解的。这一天启盼望的传统本身就是复活事件的一部分。对潘能伯格所言的"传统历史"这一概念莫尔特曼提出质疑。莫尔特曼认为假如我们的意图是在原来的经验和传统脉络中看到事件的真相，那么我们可以

---

73 天然事实：一译赤裸事实。指不是通过其他事实，而是通过自身而获得解释的事实。这样的事实是一系列解释的根本或基础。我们通常对为什么它应当如此不能作出完全的说明，却必须不加解释的接受它。

74 Revelation as History [G]. edit.Wolfhart Pannenberg. New York: The Macmillan Company. 1968.152-153.

用诠释学的方法从话语事件入手，或是以普世历史的方法从整体的历史现实出发。可是，这两种情况必须以历史批判法来证实。问题就是"这个传统的语言就历史批判法所能达到的现实而言是否正确"？[75]莫尔特曼认为自启蒙运动以来，基督教传统在历史批判的语境下面临着严重的传统危机，传统不再是理所当然的了。假如我们将历史理解为传统，就必须有一种关于"传统"的新观念，它能够将历史批判法以及关于历史的危机意识予以扬弃。莫氏认为潘能伯格的神学进路无疑陷入了两难。一方面，复活事件是普世历史终末的预演或提前展现，以致作为历史的整体中的现实在耶稣的复活中暂时变得鲜明生动。因而复活事件是普遍历史这一概念可以理解的前提。另一方面，复活事件必须可以就"史学的角度"来确证，因而它需要一种新的历史观念作为前提，这一历史概念容许上帝使得基督复活，并且所宣告的历史终末可以在这复活中被辨认出来。这样，历史的概念与复活之间便陷入了一种理解上的循环论证。[76]由此可见，莫尔特曼的批评主要集中以下三点：第一，面对启蒙运动以降的传统危机，潘能伯格所言的"传统历史"是否仍具有效性；第二，潘能伯格能否提出一种新的历史与传统的观念，将历史传统与历史危机意识予以扬弃；第三，在普遍历史与复活事件的关系中，潘能伯格陷入循环论证。

我们认为莫尔特曼对于潘能伯格的批评并不中肯。首先，潘能伯格的传统历史这一概念，不单单是以诠释学的方法从话语事件入手，或是以普世历史的方法从整体的历史现实出发，而是这两者的融合，以普遍历史作为诠释学的视域（hermenutical horizon）[77]。其次，潘能伯格所言的复活事件显然不是19世纪历史批判原则下的历史事件，而是诠释学背景下的历史事件。在他六十年代与伽达默尔的对话中，潘能伯格确实在尝试提出一种"新的"更具开放性的历史和传统观念。潘能伯格重新定位神学与历史科学的开放性思考贯穿于60年代《系统神学的基本问题》（1967）到70年代《神学与科学理论》（1973），直至80年代末《系统神学》卷一（1988）中关于神学的真理性问题的讨论中。

我们先简要介绍一下伽达默尔的哲学诠释学思想。伽氏认为理解和解释

---

75　莫尔特曼.《盼望神学》 [M]. 曾念粤译.道风书社.2007.82.

76　莫尔特曼.《盼望神学》 [M]. 曾念粤译.道风书社.2007.82.82-83.

77　Wolfhart Pannenberg. Basic Question in Theology [M]. vol. I.trans. George H. Kehm. Philadelphia: Fortress, 1970.

并非一种主体认识客体的意识活动，而是此在的一种基本存在方式。理解和解释不仅是一个科学关心的问题，而且是整个人类世界经验的一部分。哲学诠释学通过阐发理解的条件和结构，来研究此在在传统、历史和世界中的生存经验。伽氏论述："海德格尔的人类存在（此在）的时间分析令人信服地表明，理解不仅是主体各种可能的行为之一，而且是此在本身存在的方式。'诠释学'这个术语在这里就是在这个意义上使用的。它表示此在基本的、构成它的有限性和历史性的在动（being-in-motion），从而包括了它全部的世界经验。"[78]在诠释学本体论的规定下，伽氏反对 19 世纪德国古典诠释学对纯粹客观真理的追求以及他们对理解者与理解对象之间异质的时间间距的拒斥，转而强调理解的历史性。理解的历史性体现在理解者的历史性以及传统对理解的制约作用上。自笛卡尔以降的现代主体哲学认为真理应该是建立在一个绝对自明、不可怀疑的阿基米德点之上，在完全剔除一切传统和"前见"（Vorurteil/preconception, prejudice）[79]，甚至在把外部世界的存在悬置起来之后，单单依靠思维主体（或作为内在意识活动之"一极"的先验主体）与意识内容发生关系，通过反省的道路来发现确真的真理，这一进路在 20 世纪胡塞尔（Edmund Husserl, 1859-1938）的先验现象学中发展至顶峰。[80]伽氏对此予以批判，认为历史先于那个自我反省的主体，在主体对历史予以反省之前，它已被抛入传统历史之中。传统并非我们必须加以剔除的东西，而是此在存

---

78 Hans-Georg Gadamer. Truth and Method [M]. New York: Seabury Press, 1975.11.

79 前见：伽达默尔认为"前见"并不意味着一种错误的判断，它的概念包含它可以具有肯定与否定的价值。但是启蒙运动以及宗教批判将"前见"这一概念限定为"没有根据的判断"，这无疑是一种"反对前见的前见"。伽氏的"前见"这一概念深受海德格尔前理解结构的影响，肯定理解的历史性。伽氏主张通过前见来理解文本，前见构成理解的视域，构成理解者全部体验能力的初始性。这包括三个方面：在理解之前已存在的社会历史因素；理解对象的构成；以及由社会实践决定的价值观。一切理解都带有前见，关键不是要抛弃前见，而是要区分合理的与不合理的前见。因为前见不仅表明了传统所规定的理解获得的框架，还是形成新理解、新传统的基本条件。Hans-Georg Gadamer. Truth and Method [M]. New York: Seabury Press, 1975.245-267.

80 胡塞尔：德国哲学家、20 世纪现象学学派创始人。重要的著作有：《算术哲学》（1891）、《逻辑研究》（1900～1901）、《作为严格科学的哲学》（1910）、《纯粹现象学和现象学哲学的观念》（1913）、《形式的和先验的逻辑》（1929）、《笛卡尔沉思》（1950）、《欧洲科学的危机与先验现象学》（1954）等。胡塞尔的思想发展经历了几个阶段，其中先验唯心主义的现象学阶段的代表著作有《纯粹现象学和现象学哲学的观念》和《欧洲科学的危机和先验现象学》。

在和理解的前提和条件。伽氏论述到："理解不应被认为是一个人主体性的行动，而是将自己置于一个传统的过程中，在这个过程中过去和限制不断融合。"[81]由此可见，理解和解释——伽氏认为理解与解释并无本质区别，解释是理解的实现——便是对传统的参与，正是传统才把理解者和理解对象结合起来，同时过去和现在也不断融合，并创造新的传统。伽氏在诠释学本体论的规定下，提出了一种新的历史观念，即效果历史（Wirkungsgeschichte/effective history）。"真正的历史对象根本不是一个客体，而是自身和他者的统一，是一种关系。在这种关系中同时存在着历史的真实和历史理解的真实。一种正当的诠释学必须在理解本身中显示历史的有限性。因此我就把所需要的这样一种历史叫做效果历史。理解本质上是一种'效果历史的关系'"。[82]效果历史这一概念表明了传统在理解过程中的作用，它决定了何种问题对我们来说是值得探究的，何种问题是我们研究的对象。

潘能伯格对伽达默尔的思想有继承也有批判。他继承的是伽氏在诠释学背景下所赋予的传统这一概念以新的含义。传统不再是启蒙运动时代的理性主义者所要剔除的妨碍客观真理的"前见"，而是理解的前结构（Vorstruktur）[83]中的一个环节或理解的必要条件。每个人都不可避免地带有自己的传统，他必须正视和接纳它们。[84]复活事件作为普遍历史终末的预表，必须在犹太人和原始基督教的天启传统中才是可以理解的。在此，潘能伯格并非要对复活事件的历史实在性予以完全的证明——如果要完全证明复活事件的历史实在性，那也是在历史之终末——而是要对神学提出一套深具逻辑一致性（logically coherent and consistent）的历史批判原则。潘能伯格与伽达默尔的对话，使得他所提出的历史原则既超越了那种对待历史的科学客观主义的态度，这表现在 19 世纪自由神学中的历史批判中；同时也超越了黑格尔所言的历史作为绝对精神之自我

81 Hans-Georg Gadamer.Truth and Method [M]. New York: Seabury Press, 1975.258.

82 Hans-Georg Gadamer.Truth and Method [M]. New York: Seabury Press, 1975.267.

83 理解的前结构：又称作"前理解"，哲学释义学的一个重要概念，指人们在理解一个对象前就已在人们头脑中的预先存在的东西。这个概念最先由海德格尔提出，后来经伽达默尔详述。在《存在与时间》中，海氏提出人们要解释任何现象，都要先在整体上有所领会，即有一种先行具有（Vornabe）、先行视见（Vorsicht）、先行把握（Vorgriff）的领会。伽氏认为理解的前结构是潜在于具体文本之中的、历史地敞开的一个结构，它制约着读者对文本的理解。伽氏侧重论述传统和前见作为一种前理解对于理解而产生的制约作用。

84 Wolfhart Pannenberg. Theology and The Philosophy of Science[M] .trans. Francis McDonagh. Philadelphia: Westminster. 1976.164.

运动。在潘能伯格那里，这一超越表现在两方面：普遍历史作为诠释学视域以及"预见"（Prolepsis ,anticipation）这一概念的知识论地位。

潘能伯格主要围绕"视域融合"这一概念与伽达默尔展开对话，他认为伽达默尔通过"视域融合"（*Horizontverschmelzung*/fusion of horizons）这一概念精彩地描述出了理解过程中，过去和现在被带入交互关系中的这一方式。[85] "视域"（horizon）是一个在狄尔泰、海德格尔和伽达默尔的诠释学中都被赋予特殊含义的概念。在伽氏这里，视域指人的前判断，即对真理和意义的预期；是人在其中进行领会和理解的构架，它描述出了一种观点所形成的周边界限（或周围域）。按伽氏语："一个视域不是一个僵硬的领域，而是那与人共行并邀请人进一步前行的东西"。[86]潘能伯格认为伽达默尔的诠释学——主要针对视域融合这一概念而言——取得了如下三方面的进展：第一，正视理解者与理解对象的视域之间的差距，而非如德国古典诠释学那样要克服这一差距。第二，在理解过程中，形成了新的综合视域（comprehensive horizon），将理解者与对象的各自视域融合起来。同时，这一综合视域并非如前理解结构一样是预先设定的，而是在对话的理解过程中形成。第三，视域并非僵硬不变的领域，在其中解释者的前见被强化；相反，视域的变更会突破解释者原始前见的范围。[87]

但是，在视域融合之本质定位这一点上，即究竟是经由诠释学而通达普遍历史，还是经由诠释学而通达语言本体，潘能伯格与伽达默尔分道扬镳了。伽达默尔反对把诠释予以普遍化和客观化，反对在视域融合中洞见普遍历史，认为这是黑格尔精神哲学的误区，后者将现今与历史进行整全融合。[88]伽氏强调诠释学经验的敞开性和有限性，在其中，有可能经验到错误的概说（false generalizations）。诠释学过程是一种对话模式，文本、读者以及传统处于对话关系中。"问题"在诠释学中占有优先性，文本本身便居有"问题"，从而把理解者的假想（supposition）带入敞开性中。[89]同时，文本仅对那些发问者来说才够成问题，并予以回答。我们的发问和解答都是从传统那里获得的。

85  Wolfhart Pannenberg. Basic Question in Theology [M]. vol. I.trans. George H. Kehm. Philadelphia: Fortress, 1970.117.

86  Hans-Georg Gadamer.Truth and Method [M]. New York: Seabury Press, 1975.271.

87  Wolfhart Pannenberg. Basic Question in Theology [M]. vol. I.trans. George H. Kehm. Philadelphia: Fortress, 1970.118-119.

88  Hans-Georg Gadamer.Truth and Method [M]. New York: Seabury Press, 1975.346.

89  Hans-Georg Gadamer.Truth and Method [M]. New York: Seabury Press, 1975.369-370.

这样，诠释学现象本身便包含了对话的原始性质和问答结构。

至此，伽氏由理解的历史性转向了理解的语言性，诠释学的一般任务便是要揭示诠释学现象的语言性，而非寻求现今与历史的整全融合。在《真理与方法》下卷，他系统论证了以语言为主线的诠释学本体论转向。这表现在两方面：第一，语言作为诠释学经验的媒介，语言性对诠释学对象和过程予以规定。按伽氏语："语言和理解的关系主要在这个事实中可以看出，即传统的本质存在于语言的媒介中，因此，解释者优先的对象是语言的对象。"[90]第二，语言作为诠释学本体论的视域，语言并非纯粹客观的表达手段，而是人遭遇世界的基本方式。伽氏认为："语言并非一种生活在世界上的人的所有物，相反，以语言作为基础，并在语言中得以表现的是，人拥有世界。"[91]伽氏坚持诠释学经验是最原始、最基本的经验。"经验"（Erfahrung）这一概念并非近代哲学中的经验概念，伽氏认为近代哲学中的经验概念在归纳逻辑中对自然科学起了主导作用，被隶属于一种认识论的解释图景，这缩减了"经验"原本的内容。伽氏认为经验是属于某种人类历史本质的东西，经验作为整体不是任何人能够避免的。人的开放性和有限性是经验的一般结构。语言和思维的本质不在于反思和自我意识，而在于经验。[92]诠释学经验既非科学独白式，亦非黑格尔普遍历史的辩证式，而是一个对话的模式。理解是一个对话事件，作为世界经验的语言与理解本身便具有基本的关联。

潘能伯格高度评价了伽达默尔关于诠释学经验的局限性和敞开性的观点，但是他认为理解的可能性不单单基于读者与文本之间语言性的对话，伽氏的对话模式具有误导性。潘能伯格认为依据伽氏的"视域融合"这一思路，将会由诠释学原则而通达普遍历史的原则。首先，如果解释与过去和现在的关系相关，在其中两者的差异通过诠释学桥梁被保存；此外，如果人们必须通过文本而寻求未被言及的意义视域和历史处境（situation），[93]从而建立作为诠释学首要任务的文本所叙述的历史视域；那么将文本的历史处境与解释者现在的处境充分联系起来的唯一途径便是探究现今与文本所根源的过去

---

90 Hans-Georg Gadamer.Truth and Method [M]. New York: Seabury Press, 1975.351.

91 Hans-Georg Gadamer.Truth and Method [M]. New York: Seabury Press, 1975.401

92 Hans-Georg Gadamer.Truth and Method [M]. New York: Seabury Press, 1975.310-325.

93 在伽达默尔那里，"处境"这一概念指一种限制视野的可能性的观点。伽氏论述到："因此，处境概念的一个本质部分就是视域这个概念。"Hans-Georg Gadamer. Truth and Method [M]. New York: Seabury Press, 1975.269.

处境之间的历史连续性（historical continuity）。接下来，潘能伯格论述到："这意味着文本只有在与历史整体（totality of history）的关系中才可以被理解。这一历史整体将过去与现在关联起来，其实不仅关联于当下的存在，还关联于奠基在现在之可能性之上的将来的视域，因为现在的意义只有在将来的背景下才是清晰的。"[94] 只有一个将过去与现在的处境以及将来的视域联系起来的历史过程的概念，才能形成综合视域，在其中解释者现在的有限视域与文本的历史视域融合在一起。因为，潘能伯格认为只有通过这种方式，在普遍视域中过去与现在才能在它们的历史独特性与差异中被保存下来，并成为连续的历史统一体中各个的环节。可见，理解之可能不单单在于理解者与理解对象之间的对话模式，而是在于普遍历史作为理解的综合视域。

其次，伽达默尔试图通过视域融合这一环节来跨越解释者与文本之间各自视域的历史差异，但是，潘能伯格认为仅仅考虑这种关系的语言性并不能完成这一跨越。视域融合不能够脱离历史，反之，它是一个文本历史、现今历史与历史整体的交互作用。[95] 由此可见，伽达默尔和潘能伯格都使用综合视域这个概念，但是其内涵却是不相同的。在伽氏那里，综合视域（comprehensive horizon）是指在理解过程中，形成的将理解者与对象的各自视域融合起来的一个新的视域。但是，潘能伯格认为伽达默尔所言的综合视域过于私人化，他更为突出普遍历史在其中的作用。

但是，我们认为潘能伯格对待伽达默尔的批评存在这一些误解在里面，就是他将伽氏所言的"理解"予以狭隘化，仅仅关注于其认识论的内涵，即作为主体认识客体的一种意识活动，而忽视了其作为不可逃避的世界经验所具有的本体论地位。另外，伽氏所言的视域融合本身便是一个具有历史内涵的概念，它跟解释者的传统与前见，以及解释对象的历史处境有关，同时跟人们在历史中对解释对象所构建的解释传统有关，因而"视域"以及"视域融合"在伽氏那里本身不是脱离历史的、单凭思维主体所任意构造的一种真空境界。只是，潘能伯格在面对视域融合这一概念时，更加突出历史的统一性对于保持理解的连续性甚至理解的差异性所具有的整合作用，以及普遍历史为理解提供一种相对客观的标准语尺度。

---

94 Wolfhart Pannenberg. Basic Question in Theology [M]. vol. I.trans. George H. Kehm. Philadelphia: Fortress, 1970.129.

95 Wolfhart Pannenberg. Basic Question in Theology [M]. vol. I.trans. George H. Kehm. Philadelphia: Fortress, 1970.130

潘能伯格认为在理解过程中，新的综合视域被建立起来，它超越了先前理解者和理解对象各自特殊的视域，而进入一种更高的普遍性之中。视域融合的概念导向了对普遍历史的思考，其中普遍历史作为可能理解的最为综合的视域。诠释学现象不单单是主观的诠释，而是一种客观化，即诠释对象必须被置于普遍历史的综合视域中，被置于过去、现在与将来的事件与意义的普遍性连续中，从而获得预见式的真理性的诠释。潘能伯格用普遍历史的原则把历史批判与意义诠释统一起来，透过诠释学我们可以检验现今关于历史与传统之观念的正当性，从而修正我们对普遍历史的理解。[96]

伽达默尔坚持诠释学经验和知识的的有限性与敞开性，强调理解的对话模式，而避免将现今与历史进行整全融合。潘能伯格虽然赞成伽氏所言的人类知识的有限性与敞开性，但是他认为普遍历史并不是对这一认识敞开性的威胁。他试图通过"预见"（Prolepsis ,anticipation）理论来解决这一问题。在《神学与科学理论》（Wissenschaftstheorie und Theologie, 1973）一书中，潘能伯格论述到："有关获得真理的宣称既然仍是各执一词，那么最可以做的便是'接近'它，这可以被描述为预见。"[97] "预见"这一概念根源于潘能伯格对真理以及现实之本质的理解，他认为真理具有历史性的特质，真理在历史过程之中。在《什么是真理？》一文中，潘能伯格探讨了西方真理观念的两个源头：希伯来思想和希腊思想。他有关预见的论述则是倾向于《旧约》学者冯拉德所发现的希伯来式真理观。

冯拉德发现希伯来文"真理"（Emeth）有可靠性、不可动摇的依赖性的意思。Emeth 并非超越时空、一次性完成的，而是必须不断地重复出现。潘能伯格依循冯拉德的看法如此宣称："因此，在以色列人看来，真理是那些被视为历史的现实……不是以这种或那种方式位于事物之下或之后的某物，要通过挖掘它们的内部深度来发现；相反，真理会在将来显明自身。"[98]在希腊文化中，"真理"（Alethia）的原意是"如一件事物本身地看待它"（to let something be seen as it is in itself），以及"不要隐蔽事物"。Alethia 缺乏希伯

96 Wolfhart Pannenberg. Basic Question in Theology [M]. vol. I.trans. George H. Kehm. Philadelphia: Fortress, 1970.133-134.

97 Wolfhart Pannenberg. Theology and The Philosophy of Science[M] .trans. Francis McDonagh. Philadelphia: Westminster. 1976..42.

98 Wolfhart Pannenberg. Basic Questions in Theology [M], vol.II .trans. George H. Kehm. Philadelphia: Westminster. 1971.3.

来式的历史特质，它不会在时间中反复出现；相反它是静止不变的。潘能伯格认为超时空的静止状态，与感觉印象所获得的流动的现象相异，这是希腊人的真理观念的特质。[99]

依照以色列传统，上帝的真理必须在将来重新证实自己，这并非由任何逻各斯获得；相反，只有信心能够"预见"它。但是信心的预见仍有其基础，那就是过去的历史经验。潘能伯格承认人类知识和理解的有限性，但是从时间性的向度来解释它。我们现今的知识和理解都是暂时性的，预见的观念使得潘能伯格可以保持历史的敞开性。在《历史与神学的诠释学》（1967）一文中，潘能伯格对预见这一概念进行深入剖析。潘能伯格引入了海德格尔的Vorgriff这一概念，认为Vorgriff与黑格尔的Begriff（概念）相对，后者将偶然性与历史中的偶然事件排除在外。[100]因为Vorgiff这一概念表明了对整体的先行把握，而非黑格尔式的对将来之封闭，是接近普遍历史的一种方式。潘能伯格论述到："如果说将来塑造了不仅是人还有所有存在者的特性，那么只有在关于它们的将来的预见中，才能充分宣称某物为何。现今所显现的从本质而言便是对其将来的先行把握。"[101]

潘能伯格申明每一预见都受其立场的制约，与它在历史中的处境相关。在此意义上，它仅仅是一种预见，而非整体本身。然而，恰恰基于此，它是一种预见，是包括将来的整体的在场。

综上所述，潘能伯格认为将历史之连续性与偶然系包容在内的普遍历史是最为广泛的诠释学视域。在诠释学背景下，传统不再是近代哲学中必须予以剔除的"不合理的判断"，而是理解的前提和框架。历史是历史事件和历史意义的连续统一体，普遍历史将诠释学原则和历史批判原则统一起来。真

---

99　Wolfhart Pannenberg. Basic Questions in Theology [M], vol.II .trans. George H. Kehm. Philadelphia: Westminster. 1971.3-5.

100　Vorgriff：被译作"先行把握"、"先行掌握"或"前把握"，海德格尔哲学释义学的一个重要概念，是理解的前结构中的一个要素。海氏如此论述，"被领会的东西保持在先有中，并且"先见地"被瞄准了，它通过解释上升为概念。接受可以从有待解释的存在者自身汲取属于这个存在者的概念方式，但是也可以迫使这个存在者进入另一些概念，虽然按照这个存在者的存在方式来说，这些概念同这个在者是相反的。无论如何，解释一向已经断然地或有所保留地决定好了对某种概念方式表示赞同。解释奠基于一种先行掌握（Vorgriff）之中。"海德格尔.《存在与时间》 [M]. 陈嘉映、王庆节译，三联书社，1999年修订.184.

101　Wolfhart Pannenberg.Basic Question in Theology [M]. vol. I. Trans. George H. Kehm. Philadelphia: Fortress.169.

理具有历史的特质，人类经验和认识都是暂时性的，具备敞开性和有限性。诠释过程是客观化的诠释，普遍历史与理解者的传统或历史的视域融合，而产生具有预见式真理性的诠释。

我们之所以能够对普遍历史予以把握，那是因为我们的认识具有预见性，以及现实的预表结构（proleptic structure）。

## 五、终末结构与 Prolepsis[102]

潘能伯格认为普遍历史是以未来为导向的，所以未来在存在论上优先于现在和过去。现实在整体上还未显明，因为它尚未终结，尚未赢得它的终末特质。但是未来已在现在有所"预表"（prolepsis），所有未来已经预先性地在场了。潘能伯格把"预表"这一概念应用于耶稣基督的历史，并将其扩展为整体中的现实。

早在《救赎事件与历史》（1959）一文中，潘能伯格就用 prolepsis 这一概念来指称耶稣的历史与命运，耶稣并非作为历史的中间，而是被预表的终末。布尔特曼对历史神学的批判之处在于历史神学将耶稣基督作为历史之终末，这样作为普遍历史之过程便是完结的了。布尔特曼对此的修正是个人在与耶稣或使徒传言相遇时作出的终末式之抉择，这样历史终末便已然在场了。潘能伯格认为这是布尔特曼的误解。所谓耶稣的天命作为被预表的终末，并不意味着对历史本身的废弃或历史的完结。这一终末只是在历史中暂时性地被预演或预表。相反，只有在终末被预表的前提下，普遍历史的概念才是可能的。[103]

在《作为历史的启示》（1961）一书中，潘能伯格提出启示不能在时间之初被完全把握，而只能在启示之历史的终末。他用 prolepsis 来指称基督事件的突出地位——复活事件是"预表之启示"（proleptic revelation）的终极事件——耶稣的复活作为普遍历史之终末的预先显现。他写到："在耶稣的天命

---

102 Prolepsis 可译作"预表"、"预见"，在潘能伯格神学中含义相当丰富，是潘能伯格的一个重要神学主题。潘能伯格自己也宣称 Prolepsis 是他的哲学和神学思想的重要范畴，可参见 Wolfhart Pannenberg, "Foreward," in Grenz, *Reason for Hope:The Systematic Theology of* Wolfhart Pannenberg .Oxford University Press. 1990.ix.在认识论中，当表示人对历史整体与终末的预先把握时，我们译作"预见"；在本体论中，历史终末在耶稣基督身上的预先实现，以及现实所具有的 proleptic structure 时，我们译作"预表"。

103 Wolfhart Pannenberg. Basic Question in Theology [M]. vol. I.trans. George H. Kehm. Philadelphia: Fortress, 1970.36.

中，历史的终末已作为预表而预先被经验了……在作为一切历史终末之预表的耶稣的天命中，上帝被启示为全人类的上帝。"[104]

直至 1962 年在<何为一种教义学的陈述？>（"What is a Dogmatic Statement?"）一文中，他明确提出在整体中的现实，即普遍历史，具有一种预表之结构（proleptic structure）。潘能伯格论述到："只有在整体中的现实的预表观念中，其整体性首次被基督事件所塑造，才有谈论上帝在这一事件（然后，反遡性的，在以色列历史中）中的行动的可能性，最终，谈论上帝本质的特性。"[105]

在《耶稣—上帝与人》一书中，潘能伯格运用"预表"这一概念来解释耶稣基督的天命对于全人类以及人类历史的普遍意义。他认为在耶稣其人及其历史中，整体中的现实已经被预表；在其复活中，尤其是历史之终末（eschaton）已经预先存在。[106]关于耶稣基督作为终末启示的预表及其与耶稣的身份（identity）之间的关系，我们在基督论部分将作更为详细的讨论。

概言之，Prolepsis 这一概念是指现实的预期性质，是在耶稣的复活中所揭露出来的现实的预期结构，表明了将来的本体论优先性。[107]在潘能伯格神学中，prolepsis 具有本体论与认识论的双重含义。从认识论上，Prolepsis 表明了人现今的一切认识都是暂时性和有限性的。真理具有历史性的特质，在普遍历史之终末才能完全显明，故而现今的认识是对整体的一种预见和预知，具有不完全性和敞开性。随着将来经验和认识的更新，可以被修正。人通过他的盼望、计划来预见将来，更为重要的是，在关于上帝的知识中，上帝之本质在终末的完全揭露，在基督事件中已被人们预先知道。从本体论而言，它首先是指耶稣

---

104 Revelation as History [G]. edit.Wolfhart Pannenberg. New York: The Macmillan Company. 1968.134.

105 Wolfhart Pannenberg. Basic Question in Theology [M], vol. I. Trans. George H. Kehm. Philadelphia: Fortress. 1970.205.

106 《耶稣——上帝与人》.p.391.

107 关于 prolepsis 的哲学内涵，参考 "Pannenberg's Philosophical Foundations"一文，该文章对潘能伯格所言的 prolepsis 的诠释学内涵以及与 prolepsis 相关的另一个概念 vorgriff（先行把握）进行了深入探讨。另外还可以参考 "Anticipation and Theological Method"一文，该文认为 anticipation 是潘能伯格神学的核心原则。"Pannenberg's Philosophical Foundations", Ronald D. Pasquariello, *The Journal of Religion*, Vol.56, No.4 (Oct. 1976). p.338-347. "Anticipation and Theological Method", Philip Clayton, *The Theology of Wolfhart Pannenberg: Twelve American Critiques, with an Autobiographical Essay and Response*, Minneapolis: Augsburg, 1988. p.122-150.

基督的历史与命运作为普遍历史之终末的预先展现，进而将其扩充为整体中的现实。整体中的现实具有一种预表之结构，这是普遍历史或历史统一性的前提。这植根于他的将来的本体论优先性。在这一点上，潘能伯格受到海德格尔的影响。他将海氏所言的通过先行到死对此在整体性的预见，扩充至对普遍历史与历史终末的预见。潘能伯格论述到："如果说将来塑造了不仅是人还有所有存在者的特性，那么只有在关于它们的将来的预见中，才能充分宣称某物为何。现今所显现的，从本质而言便是对其将来的先行把握（Vorgriff）。如果这是正确的，那么命名本质（naming essences）的预见性便暗示了思与在相一致的、一而再地在具体现实中涌现出的一种特殊形式，这种形式仅是一种预见的形式，其中最终真理保持了一种终末论的主题。"[108]

Prolepsis 这一概念主要是应用于耶稣的历史和命运，潘能伯格把耶稣的历史与以色列的历史进行比较。在以色列历史中，雅威并未证明自己就是全人类的上帝。但是在耶稣的复活事件中，以色列的上帝最终显示自身为全人类的上帝。潘能伯格论述到："这便是基督事件的终末品质，作为万事结局的预表，唯独它可以这样行。从此，非犹太人要承认以色列的上帝就是一位真上帝，就是希腊哲学所探寻的那一位。从此，唯独这一位才可以被称作独一真神。"[109]

潘能伯格认为基督事件是普遍历史之终末的预表，这解决了先前我们提出的历史神学所面临的困境，即如果仅是普遍历史才是上帝的启示，那么其中的一件具体事件，比如耶稣的历史与命运，如何作为启示而具有绝对的意义？潘能伯格强调复活事件的历史性，我们通过复活事件反遡性地把握耶稣与上帝的统一性，把握上帝在耶稣基督的历史与命运中所揭露出的本质。恰恰基督事件作为终末之预表，才使得普遍历史作为上帝的间接启示成为可能。基督事件作为终末之预表在整个历史过程中具有绝对的意义。

# 第三节、对潘能伯格启示作为历史这一神学进路的反思

　　潘能伯格以历史作为启示和寻求真理的途径，这是打破 20 世纪上半叶辩证神学所传扬的上帝之道作为神学核心的一条新的进路。诚如一些学者所评

---

108　Wolfhart Pannenberg. Basic Question in Theology [M], vol. I. Trans. George H. Kehm. Philadelphia: Fortress. 1970.

109　"Dogmatic Theses on the Doctrine of Revelation", *Revelation as History*, p.142.

价，潘能伯格和莫尔特曼的神学进路是20世纪中叶唯一一条摆脱了辩证神学影响的进路。[110]就丰富神学研究的视野和境界而言，在20世纪神学史中，潘能伯格神学的这一进路值得赞扬。

潘能伯格强调上帝在历史中的自我启示，强调基督事件的客观历史性以及作为历史终末的预表。对此的任何偏移，都会使得基督教丧失历史现实之根基，使得神学仅仅沦为信仰的主观抉择或主体主义，这对于潘能伯格而言，无疑是基督教的噩运，也是康德以降的新教神学——无论是自由主义还是辩证神学——所陷入的困境。其代表一方面是19世纪的祁克果及其在20世纪的继承人布尔特曼，另一方面是19世纪的黑格尔及其在20世纪的继承人巴特。在《盼望神学》一书中，莫尔特曼将布尔特曼的神学称作人的超验主体性的神学，将巴特的神学称作上帝的超验主体性的神学[111]。在这方面，他与潘能伯格所见略同。

潘能伯格在论及巴特与黑格尔的关系的一文中指出，"近一些年来，巴特的神学一再被当作主体性及其自律这一近代主题的一种变种。这样的观点具有某种挑战性，因为归根结底，巴特恰恰是以上帝至高无上的名义来反驳近代主体性所说的自我律。尽管如此，这样的反驳是在巴特从自律的人的主体性向唯一自律的上帝的主体性的转变中，借助于可以追溯到康德主体性哲学的材料实现的。"[112]潘能伯格认为巴特把自己的三一学说与上帝作为主体的思想联系起来，这与黑格尔的思辨上帝观有着深刻的亲缘关系。黑格尔从上帝是精神，是主体的概念出发，阐述属神生命的三一结构以及上帝与启示的关系。在《精神现象学》中，黑格尔阐述到绝对的本质作为精神"本质上是自我意识"，从而"就其概念而言是可启示的"，对自身来说是可启示的和显而易见的："它的那种对象就是自我，但自我不是异己的东西，是与自己不可分离的统一，是直接的普遍者"。[113]黑格尔将上帝三位一体的自我客体化与启示概念联系起来，认为精神的本质就是自我启示，一个不可启示的精神并非精神。与黑格尔类似，巴特也不是从耶稣与上帝的历史关系出发（这是潘能伯格启示观与前期基督论的出发点），而是借助于启示概念的内在逻辑

---

110 *Theology as History*，p.2。

111 《盼望神学》，p.47-69。

112 潘能伯格，<上帝的主体性与三位一体论——论巴特与黑格尔哲学的关系>，李秋零译，p.179.

113 Hegel, Friedrich.《精神现象学》，Hoffmeister.p.528-529.

来阐述启示者、启示和被启示者，也可被理解为主词、谓词和宾词。[114]潘能伯格认为这里所涉及的仍是上帝在其启示中的自我客体化，这相当类似于黑格尔的主体性结构。因此，潘能伯格论述到"由于巴特把将属人的主体扭转为上帝的作法当作一种裁定的事情，他也就把自己严厉批判过的近代神学的主体论和人类中心论推向了顶点"。[115]

为了克服将启示作为超验主体之上帝的自我展开，潘能伯格将启示理解为上帝在历史中的行动。这样在启示中，便不是启示者上帝与作为启示的上帝之道直接的对应关系，而是上帝与在历史中的行动的间接对应。在此基础上，三位一体的构造也不是出自自我启示这一概念，不是如黑格尔所言的在人类思维中被把握的上帝的现实，而是出自历史上耶稣与上帝的关系。这是他前期神学思想，从1961年《作为历史的启示》，到1964年《基督论的基本特征》中的思路，在1967年《系统神学的基本问题》中，对此也多有论述。但是在1988年《系统神学》卷一中，关于上帝的启示与历史以及上帝之道的思考，潘能伯格对待"上帝之道"的理解更为宽泛和包容，他最终无法拒绝上帝之道也是作为上帝的启示，因为这时他所理解的上帝之道不再单单是辩证神学中巴特所言的上帝之道。这一转变也跟他更为明确地与哲学诠释学的对话有关，跟他在诠释学背景下的历史观念有关。历史不单被理解为事件的历史，而是是事件历史与意义历史的统一，包括历史事件以及人们对历史事件的理解与解释。那么，耶稣基督的历史便不能仅仅包括作为历史实在性的耶稣基督的生平与命运，还应包括人们对此事件的理解传统，那么上帝之终末荣耀的天启盼望与使徒传道（kerygma）便是其中的重要组成部分。潘能伯格对历史的理解融入了当代哲学诠释学的要素，从而使得他关于启示、上帝之道与历史的关系的理解也相应发生变化。

在面对启示与历史的关系这一问题时，在60、70年代，潘能伯格通过与哲学诠释学的对话，拓宽了传统与历史的内涵。潘能伯格从普遍历史以及复活事件出发，突出传统与视域融合的作用。由于人类经验和认识的暂时性与"预见"的特质，在将来随着经验与认识的更新，我们对普遍历史的理解也随之修正和更新。但是，潘能伯格没有停留在诠释学原则与语言本体论上，

---

114 Karl Barth.Church Dogmatics[M]，第150页及以下。

115 潘能伯格.上帝的主体性与三位一体论——论巴特与黑格尔哲学的关系[G]. 李秋零译，《现代语境中的三一论》.汉语基督教文化研究所出版，1999.189.

而是又重新回溯到普遍历史，以其作为诠释学现象之可能发生的综合视域。至此，潘能伯格完成了一个诠释学循环（Hermeneutical circle），但这并非像莫尔特曼所说的一个消极的循环，而是一个积极的循环，在此过程中，各个环节和要素得以澄清与提升。

历史与终末的神学之所以提出，跟潘能伯格所面临的时代背景有关。巴特处于两次世界大战期间，面临着人类自身的偶像崇拜和自我崇高化，需要以超越的圣言对人言加以限制，故此他强调上帝与人的无限异质性。但是潘能伯格所面临的是二战以后欧陆的虚无主义和绝望倾向，需要一个来自未来的终末期盼引领世俗文化之前进，故潘能伯格神学将上帝称作来自将来的"拉力"。他强调将来的本体论优先性，他的神学又被称作一种"将来的神学"（theology of futurity）。

神学不仅关乎人对上帝的理解，还关乎上帝对人的理解。祁克果向人的存在深处挺进，强调生存的深度，与人不可逃避的信仰之抉择。巴特从存在之高处将上帝引进，让人感叹存在之浩渺与敬畏。但是生存不仅具有它的深度和高度，还要有一个宽度的铺展，潘能伯格希望通过历史的维度将人之存在的深度和高度结合起来，并拓开生存的宽度。历史主义的进路不仅在他的启示观，在他的基督论、人观和上帝论中都占有重大地位，尤其在人观中，强调人的生成过程，这跟他这一的神学关切有关。

# 第二章、基本神学人论和教义学人论：
## 从向上帝敞开性到人的使命[1]

## 第一节、基本神学人论：从向世界敞开性（Weltoffenheit）
## 到向上帝敞开性（Gottoffenheit）[2]

### 一、人类学作为一门基本神学

  基本神学（Fundamentaltheologie，一译基础神学），照字面意思指探讨基督教信仰之基本要素的神学部门。它与启示神学相对，又称哲理神学（philosophical theology），是天主教神学中的一个分支，处于教义学之前的一个预备性的阶段，最初具有护教学的性质。启蒙运动时期，为回应自然神论对启示之可能性的怀疑，基本神学从逻辑的必然性和经验的确定性来系统论证启示和启示宗教的合理性。[3]它在现代的发展侧重于阐述启示的形式，在神学与哲学、语言学、历史学以及人类学等世俗科学之间展开对话。一方面从外部世俗科学的角度检验神学之可能性的条件；另一方面，从神学内部考察自身与世俗科学进行对话之条件。在 20 世纪，卡尔·巴特从上帝在启示与信仰中的绝对主权出发，拒斥基本神学，认为在预备或理性论证启示与信仰的

---

1 Anthropology：译作"人类学"，在基督教神学中又被译作"人论"。

2 该节以《从向世界敞开性到向上帝敞开性》，发表于《道风：基督教文化评论》（A & HCI），No.33，2010 年秋。

3 费奥伦查.基础神学——耶稣与教会 [M]. 刘锋译.道风书社，2003 年.xix.

正当性上，人类无路可走。但是从 20 世纪中叶，蒂利希（Paul Tillich，1886-1965）、艾柏林（Gerhard Ebeling, 1912-2001）等人对基本神学表现出了更大的开放性。[4]潘能伯格同样作为其中的一员，但他的出发点是人类学，他认为对于神学而言，一种人类学不仅是必须的，而且还是基本的：

> 在由无神论的挑战所促成的这一处境中，神学人类学便不再是神学的一个边缘问题。对上帝之观念的人类学化，以及无神论在人类学基础上所进行的相应反叛，意味着在今天神学人类学已经具备了一种基本神学的地位。[5]

潘能伯格认为人类学作为一门基本神学，是现代神学的历史进程和无神论对于基督教的挑战使然。在现代神学的历史进程中，人的自我理解越发扮演着根本性的角色。人类学转向——核心是"转向自我"（turn to self）可以上溯到 18 世纪启蒙运动晚期道德理性主义的兴起。在德国新教神学家施莱尔马赫（Friedrich Schleiermacher, 1768-1843）[6]的作品中进一步发展，直至19、20 世纪的自由主义神学传统。在 20 世纪的神学人类学历史中，潘能伯格的作品《神学视角下的人类学》（Anthropologie in Theologischer Perspektive, 1983）被有的学者誉为"20 世纪自由神学之大全"[7]。这本书是他对自己 60 年代的短作《人是什么——从神学看当代人类学》（Was ist der Mensch? Die Anthropologie der Gegenwart um Lichte der Theologie, 1962）的扩充与延伸，两部书之间有着相似的主题、结构与研究方法研究。当代罗马天主教神学也有着与之相应的神学人类学发展。伴随着新经院哲学的复兴，卡尔·拉纳（Karl Rahner, 1904-1984）[8]发展了一种先验神学人类学，以此作为

---

4  对于蒂利希而言，文化神学在其系统神学中占据基本性的地位。在《系统神学》第一卷，蒂利希首先探讨了启示与理性的关系问题。艾柏林在《神学研究》中对于神学进行重新定位，探讨基础神学的作用，揭示宗教学、哲学、自然科学与人文社会学与神学之间的相互关系。

5  Wolfhart Pannenberg. Basic Question in Theology [M], vol.III. Trans. R. A. Wilson. London: SCM. 1973.90.

6  施莱尔马赫：德国新教神学家。重要著作有：《论宗教》（1799）、《基督教信仰》（1821）等。

7  Raschke, Carl. "Review on *Anthropology in Theological Perspective* by Wolfhart Pannenberg." *Journal of American Academic Religion* Vol.54, No.3: 602. 1986.

8  拉纳：20 世纪德国神学家、耶稣会会士。重要著作有：《世界中的精神》（*Geist in Welt*, 1939）、《圣言的倾听者》（*Hörer des Wortes*, 1941）、《神学论集》十六卷（*Schriften zur Theologie*,1954-1984）、《基督信仰的基础》（*Grundkurs des Glaubens: Einführung in den Begriff des Christentums*, 1976）。

基本神学。拉纳的反思不是基于先天的教义，而是基于人类主体的先天条件，探究人类认识上帝的可能性条件以及接受可能为神圣启示的条件。[9]这些都表明了神学家面对康德的第四个哲学问题——人是什么？——所做出的慎重的思考。

首先，潘能伯格认为当代神学人类学的发展肇始于近代哲学的挑战。人们不再将上帝的存在视作自然界的第一推动力。作为对自然现象的解释，机械理论被认为是比上帝之假说更为可靠的选择。当康德意在为上帝之观念作为道德生活、人的主体性以及自我理解之预设留有一席之地时，上帝之观念在对自然的理解中便成为了多余的附属品。这一分裂在15世纪库撒的尼古拉（Nicholas of Cusa, 1401-1464）那里初见端倪，后来在笛卡尔、莱布尼茨、康德以及黑格尔的思想中都有所体现。他们将上帝之存在视为人的经验与自我意识的前提条件。但这样一种上帝之观念已经是人类学化了的上帝之观念。近代哲学的人类学转向，最终以人自身作为解释外部世界以及自我的起点和终点。当个体的人被上升到全人类时，它便取代了上帝而具有了无限性。这正是费尔巴哈对人类整体之无限性的强调，上帝被理解为无限扩大的"人"，只是在人类理性不成熟阶段的"幻想"。[10]无神论对上帝之观念的批判是近代主体哲学发展的结果。从费尔巴哈、尼采，到弗洛伊德、萨特，他们的思想展示了这样一种传统，即将上帝之存在的剔除作为人的自我理解的一个必要的前提，或将上帝之观念视为毫不必要的幻想和错觉。19、20世纪的神学人类学正是对这一挑战的回应。在《神学视角下的人类学》一书的导论中，潘能伯格论述了在人类学领域内无神论者的挑战以及神学所赋有的必须回应这一挑战的使命。潘能伯格论述到："神学家只有首先回应了在人类学领域内对宗教的无神论批判之后，才能够确切地捍卫其关于上帝的言论。否则，他们关于上帝的神性的首要地位的所有断言，无论具有何种感染力，都仍将是缺乏任何严肃的普遍有效性之宣告的纯粹主观性的确信。"[11]

---

9　Karl Rahner. Hearers of the Word [M]. trans. Michael Richards. New York: Herder and Herder. 1969.

10　关于潘能伯格对哲学中的人类学倾向及其对神学之影响的分析，参见他的论文<人类学与关于上帝的问题>，载于《神学的基本问题》卷一。

11　Wolfhart Pannenberg. Anthropology in Theological Perspective [M]. trans. Mattew J. O'Connell. Edinburgh: T. & T. Clark, 1985.16.

其次，潘能伯格认为现代神学的人类学倾向与宗教在现代社会中的私有化和分裂（segmentation）有关。一种宗教性的认信选择仅仅是个人与团体的生存关切。宗教的私有化和分裂是现代市民社会的主要趋势。它可以解释启蒙运动中的道德主义，尤其是基督教虔敬主义（Pietism）[12]中的良知神学，为何在基督教的现代历史中占有如此重大的地位。对私人委身的宗教之独立性在施莱尔马赫的《论宗教——对蔑视宗教者中间的有教养者的讲演》（1799）一书中有了经典性的表达。当宗教仅仅退守到私人领域时，它便发现必须为此私人领域寻求具有普遍人类有效性（universal human validity）的宣告。潘能伯格认为人类学凭借其基础性和综合性的特质，是建立普遍人类有效性的神学宣告的基础。[13]

在 20 世纪，神学以及神学方法论中的人类学聚焦可见于鲁道夫·布尔特曼[14]的传言神学和保罗·蒂利希[15]的存在主义神学对基督教信息做出的存在主义哲学化的解释，他们首先关注的是人的生存现象及其结构。甚至是埃米尔·布鲁纳（Emil Brunner），起先追随巴特反对自由主义神学传统，仍然坚持马丁·布伯的位格主义人类学（personalist anthropology），强调神学之主题虽然是自身限定的，但是必须有助于认识何为人自身。[16]

潘能伯格的神学人类学便是诞生于对上述种种努力的深切同情之中，试图对人类境遇作出神学上的把握和解释。他认为目前神学的当务之急是应对无神论对于基督教的挑战。既然这些批判和挑战从性质上都是关乎人类学的，那么对其所作的有效回应也必须奠基于这一共同的人类学基础。潘能伯格将他的研究描述为一种基本神学人类学，其特色在于不是从教义学论述和预设出发，而是始于一般的人类学现象，并将其与宗教和神学相关。

---

12 虔敬主义（Pietism）：17、18 世纪在德国与北欧国家的新教路德宗中所兴起的宗教运动，强调阅读《圣经》的重要性，反对刻板地遵守教条；强调信徒个人的虔敬和对信仰的委身，以及纯正的道德修养。

13 Wolfhart Pannenberg. Anthropology in Theological Perspective [M]. trans. Mattew J. O'Connell. Edinburgh: T. & T. Clark, 1985.13-16.

14 布尔特曼：德国新教神学家，存在主义神学代表之一。著有《信仰与理解》、《原始基督教及其背景》、《历史与末世论》等。

15 蒂利希：德裔美国新教神学家、哲学家。重要著作有：《存在的勇气》（The Courage to Be, 1952）、《文化神学》（Theology of Cluture,1959）《系统神学》三卷（Systematic Theology I-II, 1951-1963）等。

16 Emil Brunner. Man in Revolt: A Christian Anthropology [M]. trans., Olive Wyo.James Clarke & Co., 2002.

## 二、潘能伯格的基本神学人类学的核心要点

### 1、向世界敞开性（Weltoffenheit）[17]和向上帝敞开性（Gottoffenheit）

在其早年的人类学著作《人是什么？——从神学看当代人类学》（Was ist der Mensch? Die Anthropologie der Gegenwart um Lichte der Theologie,1962）的开篇，潘能伯格坦然承认"我们生活在一个人类学时代。一门关于人的广泛的科学是当代思想追求的主要目标。一大批科学研究为此联合起来。"[18]潘能伯格如此推崇人类学，主要在于它在 20 世纪作为形而上学的继承者，在现代人文科学体系中的基本性和奠基性的地位。如果宗教希冀自身不仅是私人和主观的信仰，那么神学必须在当代世俗文化中谋求一席之地，而非在其边缘，或被拒之门外，神学要主动寻求与世俗科学的对话。这样，潘能伯格的神学人类学便不是始于基督教关于人的传统教义学，而是始于以舍勒（Max Scheler）、格伦（Arnold Gehlen）和普列西纳（Helmuth Plessner）为代表的当代哲学人类学。当代哲学人类学试图从哲学角度来解释经验科学中关于人的知识；把经验科学对人的研究与形而上学对人的思考相结合，揭示人在宇宙中的独特地位，以及人之为人的本质。他们认为人之为人的关键在于人对世界的基本敞开性，换言之，人的基本"外在中心性"（Exzentrizität）。

潘能伯格论述到"在人类学中，新近揭示的、人独有的超越此在的一切现存规则而追问和向前推进的自由，叫作'向世界敞开性'。这一表达用一个词说明人之为人、人与动物区别，以及人从根本上高于人之外的自然界的那种基本特征。"[19]潘能伯格认为 "向世界敞开性"（Weltoffenheit/World-openness）是 20 世纪哲学人类学的核心概念，在这一学派中舍勒和普列西纳是开创性的人物，而格伦则是领军性的代表。潘能伯格的思考始于这三位人物，因为他们都有着一个共同的关切，即思考人的本性以及在世界中的

---

17 在《人是什么——从神学看当代人类学》（*What is Man? Contemporary 神学视角下的人类学*）一书中，李秋零教授将 Weltoffenheit 译作"对世界开放"。我认为"对"含对象化之意，但依据潘能伯格原意，除对象化之外，还有"以……为导向"和"趋向……运动"以及"保持……生存状态"的意思，"heit"有"……的方式，……的性质"之意，故将 Weltoffenheit 译作"向世界敞开性"或"向世界敞开状态"，有时直接译作"向世界敞开"。

18 潘能伯格.人是什么—从神学看当代人类学 [M]. 李秋零、田薇译.香港道风山基督教丛林, 1994.18.

19 Wolfhart Pannberg. What is Man? Contemporary Anthropology in Theological Perspectiv [M]. trans., Duane A. Priebe.Philadelphia: Fortress. 1970.3.

地位，并且他们对客观的生物学材料予以一种哲学性的解释。潘能伯格言：

> 哲学人类学与行为主义和德国行为学研究都共同承认的一个原则是必须从人的身体存在，因而是可被观察的行为上来解释人……但是，它不同于行为主义和行为科学的地方在于在生物链条中承认人的独特地位。[20]

舍勒和格伦将人的独特地位描述为"向世界敞开性"，而普列西纳则使用了"外在中心性"这一概念。在《人在宇宙中的地位》（1928）一书中，舍勒认为人类与动物的关键区别在于只有前者拥有一个世界（Welt），而动物拥有的只是环境或周围世界（Umwelt），这是一种原则上的区别。一方面，人类不再束缚于物种所特有的欲望和动机，而是人的世界关系通过"无环境性"（Umweltfrei）表现出来[21]。另一方面，人类能够把世界予以对象化，能够感知对象化的世界为与己不同的一极。人的向世界敞开性的原因在于他是一种精神的存有，而精神是不可以还原为生命的自然进化的，"（如果可行的话）它被归诸于终极存在的根基，其中生命是一种特殊的显现。"[22]对于舍勒而言，人是能够向世界无限敞开的 X。

关于人类的敞开性，格伦认为人类缺少一种动物所拥有的必要的天性，即对被给予的环境的适应。这样人类不是居于一个由本性所给予的世界之中，而是倾向于重新创造或掌握自然的世界。人类的行为便具有突出的作用，人被定义为"一种行为的存有"。格伦把人类对自然的重新创造并创造自己的世界的过程称为"文化"（Kultur）。文化的世界便是人类的世界。[23]

舍勒认为人的敞开性在于人是精神的存有，为了避免"精神"一词的歧义，普列西纳把它称作人的"外在中心性"（Exzentrizität）。在《有机体的形式与人类》（1928）一书中，他将外在中心性的关系结构作为标划人类之特殊性的领域，动物的中心是它寓于自身之内的存有，这就是它的身体。但是当人类直接通过身体与世界产生关系，并且当他意识到这种"直接的中介"关

---

20 Wolfhart Pannberg. What is Man? Contemporary Anthropology in Theological Perspectiv [M]. trans., Duane A. Priebe.Philadelphia: Fortress. 1970.35.

21 Max Scheler.Die Stellung des Menschen im Kosmos [M]. Bern:Francke Verlag, 1962. 38.

22 Max Scheler.Die Stellung des Menschen im Kosmos [M]. Bern:Francke Verlag,1962.47.

23 Arnold Gehlen. Der Mensch: Sein Natur und seine Stellung in der Welt [M]. Wiesbaden: AULA-Verlag, 1986.23-38.

系时，他才拥有身体。人类关于自身与世界之关系的意识可能的条件在于他的中心在他自身之外。这一"外在中心性"使得人类与仅仅是由自然本身所决定的存在者拉开了距离，换言之，人的生命乃是接受其外在的中心。[24]

为了表明舍勒、格伦和普列西纳之间的亲缘关系，潘能伯格提出了这个问题，"何为人的聚焦点（focal point）？"向世界敞开性和外在中心性这些概念表明聚焦点在人自身之外。换言之，有这样一种存在，位于具体的人之外，作为人的敞开性的根基。潘能伯格认为依循当代哲学人类学的途径，敞开性不仅意味着具体的敞开行为或对象。他论述到："向世界敞开性必须意味着：人完完全全被引入敞开性之中。他不断将敞开状态推进，超越每一体验、每一既定的境遇。他的敞开状态也要超越世界，即超越任何时刻他所获得的关于世界的影像。但是，他还要超越任何一种可能的世界影像，超越对世界影像的追求，不管这一追求何等必要，而是在追问和追求方面保持敞开状态。这种超越世界的敞开性甚至是人体验世界的条件。"[25]潘能伯格认为向世界敞开性首先意味着人与动物的不同之处在于人能够超越周围世界（Umwelt），而将周围世界转化为人为的世界，即文化。但是，文化创造本身并非敞开性的根据，因为人总是不断用新的文化形式来代替旧有的文化形式，恰恰在此敞开性的前提下，文化创造才是可以理解的。人的敞开性超越了文化，既超越了现存文化，也超越了任何一种有待发展的文化。[26]

尽管注意到"向世界敞开性"这一概念的积极内涵，潘能伯格还是认为世界本身不能为人追问人自身应当如何存在的问题提供令人满意的答案，即它不是人之无限敞开性的根源与依据。在《人是什么》一书中，他将人的敞开性与人的命运（Bestimmung/destiny）联系起来，提出人的向世界敞开性最终意味着向上帝敞开性。潘能伯格论述到：

> 在赋予行为以特色的向世界敞开性中，人已然处于实现自身命运的过程之中。行为科学表明人追求的目标并非由遗传的本能预先决定……人必须自己决定，他要把自己的时间以及在某种情

24 Helmuth Plessner. Die Stufen des Organischen und der Mensch:Einleitung in die philosophische Anthropologie [M]. Berlin:Walter de Gruyter. 1965.
25 Wolfhart Pannberg. What is Man? Contemporary Anthropology in Theological Perspectiv [M]. trans.Duane A. Priebe.Philadelphia: Fortress. 1970.8.
26 Wolfhart Pannberg. What is Man? Contemporary Anthropology in Theological Perspectiv [M]. trans., Duane A. Priebe.Philadelphia: Fortress. 1970.9.

况下把自己的生命投入到什么样的目的之中……但是，他既不能在自然界中，也不能在社会中找到自己生活的的具有最终约束力的尺度……关于自己的命运问题，使他无法满足于暂时性的回答。这总是将他向前推进。这一趋向于敞开性的无休止的运动超越了人在世界上所遭遇的一切，目标指向了上帝。因而，向世界敞开性的核心是向上帝敞开性。人的真正本性就是这种经由世界趋向上帝的运动。[27]

在其神学人类学代表著作《神学视角下的当代人类学》（*Anthropologie in theologischer Perspektive*,1983）一书中，潘能伯格重申这一命题。潘能伯格论述到："正是这种对每个特殊对象的超越——这一超越是在对象的确定性（因此在其差异性和独特性）中对个体对象进行感知的条件。我记得在 1962 年我写到所谓人的向世界敞开性最终意味着向超越于世界的存有的敞开，因而向世界敞开性的真正含义最好被描述为向上帝敞开性（Gottoffenheit），只有他才使得将世界整体包容在内的这一凝望（gaze）成为可能。"[28]

潘能伯格认为有限的世界不能成为无限之敞开的依据。只有上帝才是人之敞开性的依据，间接的预设于人的敞开性或自我超越的行为之中。人与上帝的基本关联性，构成了人的宗教性的不可化约之向度。至此，潘能伯格从哲学人类学对人的生物性的描述，转向了神学对人类命运的解释。人向上帝敞开状态，此为人与上帝的基本关联性之生存，这一关联性生存为人类的基本使命，其根源在于人是上帝的形象（imago Dei）。潘能伯格将当代人类学之发现带入了神学的传统命题之中，对此他能够作出什么新的解释吗？

在潘能伯格看来，人是上帝的形象并非一个静态的事实，而仅是一个基础性的轮廓，并且有待于去完满地实现。在这一点上他受到了 18 世纪德国哲学家赫尔德（Johann Gottfried von Herder, 1744-1803）[29]所提出的"演化中的上帝的形象"（an evolving image of God）这一观点的影响。[30]人并非已然就

---

27 Wolfhart Pannberg. What is Man? Contemporary Anthropology in Theological Perspectiv [M]. trans., Duane A. Priebe.Philadelphia: Fortress. 1970.54.

28 Wolfhart Pannenberg. Anthropology in Theological Perspective [M]. trans. Mattew J. O'Connell. Edinburgh: T. & T. Clark, 1985..69.

29 赫尔德：18 世纪德国哲学家、神学家和诗人。重要著作有：《批判之林》（1769）、《论语言的起源》（1772）、《论人的知觉与情感》（1778）、《关于人的历史的哲学思考》（1784-1791）。

30 Johann Gottfried Herder. Outlines of a Philosophy of the History of Man [M]. trans.,T.

是上帝的形象，或并不将人是上帝的形象作为起初的完满状态。毋宁说，上帝的形象之实现是人类被造之目的。按潘能伯格语：

> 人完全不是从最初就作为上帝的形象。他或她拥有一段历史，
> 被引领至对其命运之实现，实现人与上帝真正全然的联合……作为
> 一个人，个人被引领至这在人类中尚未完全实现的人性（Humanität
> /Humanity）。[31]

在人身上生成和发展的上帝之形象这一观念与传统的教义思想不同。潘能伯格认为上帝之形象是人与上帝全然联合的目标，这一目标体现于构成人之存在的敞开性之中。这一敞开性使得人超越自我而通达他者，超越作为当下环境的他者而通达世界，超越世界而通达无限。对于舍勒和格伦而言，人向世界敞开是一种已然如此的状态。潘能伯格认为人的价值恰恰在于在历史中逐渐实现他朝向上帝的命运。

但是，潘能伯格认识到在现实中，人总是中断经由世界趋向上帝的运动，在世界之中安置自身。人对向上帝之敞开的遗忘便是人的自我中心性（Ichbezogenheit/egocentricity, self-centeredness），这时自我固有着自己的目的、观念和习惯，固有着在某种程度上封闭自己而不进入敞开的倾向。潘能伯格区分了人的实存（actual existence）和人的最终命运（final destiny）。[32]人的实存是处于自我敞开性和自我中心性的冲突之中，人具有敞开性的一面，同时也具有自我中心性的一面。在《神学视角下的人类学》一书的第三章，潘能伯格将中心性与罪的主题放在一起来处理。奥古斯丁关于罪的学说对潘能伯格启发很大。奥古斯丁认为罪不单是人对神圣诫命的触犯或违背，它首先是被创造界的自然秩序的扭曲，是人与自身关系的失败。因而，罪与自我的一种结构性关系（structural relation of the self）相关。尽管奥古斯丁有时将罪等同于人的欲望或贪爱（cupititas,concupiscentia/concupiscence），但是潘能伯格更为强调的是欲望背后的形式结构（formal structure），这一结构与自我（self）及其自身的关系相关。潘能伯格在这一思路与当代哲学人类学的发现之中看到了相通之处，后者强调自我（self）是人的外在中心性与封闭性生存

Churchill, Bergman Publishers, 1966.

31 Wolfhart Pannenberg. Faith and Reality [M]. trans. John Maxwell. Philadelphia: Westminster, 1977.45.

32 Wolfhart Pannenberg. Anthropology in Theological Perspective [M]. trans. Mattew J. O'Connell. Edinburgh: T. & T. Clark, 1985..80-87.

状态之间两者张力的产物。那么，罪的根源或本质便在于人之生存的自然状态（natural conditions），即构成人之自我的结构性张力。换言之，罪产生于跟人之生存的自然状态相关的自我中心性对于外在中心性的主导，或自我中心性胜过外在中心性成为人之生存的主导状态。潘能伯格论述到："即使，在这个意义上说，人就其本性（by nature）而言是罪人，这也并不意味着作为人他们的本性（nature）都是有罪的。"[33] 这一论述看似自相矛盾，但是实则不然，因为前后两个"本性"（nature）的内涵与意义是不同的。前一个"本性"是指人之生存的自然状态，它表明了人通过外在中心性进行自我超越时所不可避免地要面临自我中心性的限制，换言之，自我中心性是人之生存结构中的一个被给予的环节。后一个"本性"是指人的本质，人的本质不是已然居有的，而是在于将来，人总是处于生成的过程之中。人的本质和意义应在人的最终命运中得以理解。关于罪的本质问题，我们在下一节之"人的苦难：罪与自我中心性"这一部分将进一步讨论。

潘能伯格认为人的意义应在人的最终命运中得以理解，这命运便是人作为上帝的形象被造之目的，是人与上帝的全然联合。它在人类中迄今为止尚未完全实现，但是已经预先实现于耶稣基督之内。上帝的形象，通过这一敞开性朝向人的最终命运，便被体现为一种具有终末式之未来（eschatological future）的决定性力量。将人论奠基于基督论之上，将人的存在和命运与耶稣基督作为终末之预表（prolepsis）的存在与命运联系起来，这是潘能伯格人论对赫德尔的人论有所突破的地方。

"向上帝敞开性"以及人的命运在潘能伯格终末式神学体系中占有重大作用。潘能伯格持终末式实在观，认为实在与真理均具有历史终末式的维度。任何事物的本质只能在历史的结尾才完全实现，现今所有事物之实在均是从终末式之将来，故此事物之本质只能以其现象之整体性来把握。任何具体事件的意义只能在与其相关的其它事件的背景下才能理解，从纵深而言，便是在历史的统一性中即普遍历史中来理解。在历史终末时，先前的事件作为现实整体得以显明，这构成了启示的普世性，由此呈现所有之实在均是植根于上帝之实在。上帝自我启示的历史终结，预先实现于耶稣基督身上，故有限之人可以参与永恒之中，终末式之未来是整体性的有限存在之根源，而其存

---

33 Wolfhart Pannenberg. Anthropology in Theological Perspective [M]. trans. Mattew J. O'Connell. Edinburgh: T. & T. Clark, 1985.107.

在则是对未来之盼望。由此可见，人的无限敞开性是植根于普遍历史终末以及终末预表之内的。（重新评价敞开性在终末实在论中的地位）

## 2、人的敞开性的世界作为文化的世界（Kulturwelt）

在提及人的敞开性时，格伦意指人类缺少动物所拥有的适应特殊环境的一种天性，但是通过自己的行为，人类可以掌握和再造自然。这一过程格伦称其为"文化"。[34]人和文化是互为依存的关系，没有文化就没有人，没有人也没有文化。潘能伯格依循格伦之路，对于文化作了如下解释，"人类适应自然并使自然为己所用，这意味着对自然的重组，我们称其为文化。"[35]文化不仅包括对自然的掌握和改造，还包括这些行为背后的目的，将自然整合到人的共享世界（the shared world）的秩序之中。所谓人的共享世界，基本上是由共享的文化意义所构成的世界。

如前所述，人的敞开性最终是向上帝敞开，并且植根于人是上帝的形象，这是人之生存的依据和命运。同样，潘能伯格将人对世界的掌控与上帝之形象关联起来。《圣经》中的创世故事表明了对人掌控自然的神圣呼召，换言之，人作为上帝的形象，在其文化中承担着解释上帝的创造和再造自然的使命。潘能伯格宣称文化——将自然整合到共享世界的秩序之中——是人向上帝敞开性的结果。

潘能伯格认为文化中的两个基本构成要素是语言和游戏中的自由，这两者都体现了人的敞开性。首先，他认为语言是所有文化生活中的基本性要素。人把起初混杂的多样性纳入自己创造的语言符号世界之中。通过在自身的周围环境之间建立起人为的世界，成为世界的主人。正是借助于语言，才能产生出意识的各种内在世界，即表象世界。我们要把超越于当下的广阔的精神概观能力归诸于语言，这样人就能够在事物的联系中把握事物，并从事物自然地处于某种联系之中去支配事物。潘能伯格将语言视作精神的中介，按舍勒语，精神是人的敞开性之原则与根基。

其次，语言的人为世界只是一个符号的世界，尚不是文化世界，因为文化是涉及观念之认同和意义之共享的世界。从语言世界进入文化世界，尚需要一个因素，在潘能伯格看来，那就是游戏。他接受了荷兰文化人类学者海

---

34 Der Mensch: Sein Natur und seine Stellung in der Welt. 23-38.
35 Wolfhart Pannenberg. Anthropology in Theological Perspective [M]. trans. Mattew J. O'Connell. Edinburgh: T. & T. Clark, 1985.339.

辛加（John Huiziga）以游戏的现象来解释文化的方案。海辛加认为文化诞生于游戏的形式之中，并且在其最初阶段，文化具有一种"游戏特质"（play-character）。这些特质包括自由、非常态（沉溺于自身的规则并打破时空的客观规定性）、无功利性、创造秩序的能力并且依据于规则来执行的倾向。[36]潘能伯格分别探讨了孩子和成人的游戏，他认为游戏以不同的方式，几乎可见于共享生活的所有模态之中，而游戏中的自由则是人的外在中心性的表现。他说："在游戏中，人类实践了由他们的外在中心性所预定的外在于自身的存在，这一过程发端于孩子的象征性的游戏，在宗教的崇拜仪式中得以完全。"[37]潘能伯格将游戏视作人的敞开性的显现，游戏的主题将个体的自我封闭与共享的生活世界（life-world）联系起来，并且崇拜游戏是共享的人类社会及其统一体的组织核心。

无论在语言还是在游戏之中，潘能伯格认为人的文化意识都是以某种无条件之意义为导向的，其无条件性只能从上帝作为"决定、包容现实整体的存在"的角度来理解。他认为人的生存及至所有实在的终极根基在于上帝。与蒂利希（Paul Tillich, 1886-1965）相似[38]，潘能伯格认为每种文化活动均包含无条件之意义，并且人类文化之形成从根本上是意义之创造。但是，这意义并非自我产生性的。它是被发现的，被发现的意义，具有终极的无条件性，这跟人与上帝的基本相关性之生存，即人向上帝的敞开性有关。

### 3、人的敞开性和历史（Geschichte）

潘能伯格认为人作为不断生成过程中的敞开性的或外在中心性的存在，不可分割地关联于历史。要想理解人是什么，就必须透过历史与之靠近。潘能伯格强调了历史的普遍性（universality）和整体性（totality）。普遍历史（Universalgeschichte/universal history）的观念与其上帝的自我启示的观念联系在一起。潘能伯格继承德国观念论的传统，将实在之整体在其时间发展理解为历史，以此作为上帝的间接的自我启示。并且，潘能伯格认为这一历史观念和历史意识跟《旧约》中以色列人的历史观念相一致。他强烈反对通常在拯救的历史与普通的历史之间的区分，前者将历史的主体理解为上帝，整

36 Johan Huizinga. Homo Ludens: A Study of Play-Element of Culture [M]. Boston: Beacon. 1966. p.7.

37 Wolfhart Pannenberg. Anthropology in Theological Perspective [M]. trans. Mattew J. O'Connell. Edinburgh: T. & T. Clark, 1985.338.

38 Paul Tillich. Theology of Culture [M]. New York : Oxford University Press, 1964.

个历史就是上帝对人的拯救；后者以人作为历史的主体，从人的行为和选择来理解历史。根据潘能伯格，这种历史的双重概念既是对上帝之观念及其作用于整个实在的力量的损害，也是对历史的整体性的损害。潘能伯格坚持将上帝的启示作为历史，并且历史是上帝在其造物中的作为。他写到：

> "当然，上帝与世界完全不同；他无以言喻地异质于世界。但是既然他启示了自身，他就在世界中。事实上，是在历史中；上帝使自身在世界中显现。历史是上帝在其造物中的作为。"[39]

潘能伯格将普遍历史作为上帝间接的自我启示，上帝是普遍历史以及历史的统一性之依据，作为历史的统一性同样涵括着连续不断的偶然事件。潘能伯格将上帝视为"决定一切之现实"（*die alles bestimmende wirklichkeit*），上帝的存在对应于上帝之国——未来的上帝之国。潘能伯格宣称，根据《圣经》中上帝的观念，上帝的存在对应于上帝的权力，权力体现在上帝的国中。上帝的权力的完全实施"尚未"（not yet）完全存在于现在，它总是跟"未来"相关。既然上的的存在对应于上帝之国，上帝之国尚未存在，那么上帝的存在总在过程之中。"在某种受限制而重大的意义上，上帝尚未存在。既然他的统治和他的存在不可分割，上帝的存在仍在来临的过程中。"[40]

潘能伯格认为普遍历史是以未来为导向的，所以未来在存在论上优先于现在和过去。未来已在现在有所"预表"（prolepsis），所有未来已经预先性地在场。他把"预表"这一概念应用于耶稣基督的天命，并将其扩展为现实整体。早在《救赎事件与历史》一文中，潘能伯格就用 prolepsis 这一概念来指称耶稣，耶稣并非作为历史的中间而是被预表的终末。在《作为历史的启示》（Offenbarung Als Geschichte, 1961）一书中，潘能伯格提出启示不能在时间之初被完全把握，而只能在启示之历史的终末；他用 prolepsis 来指称基督事件的突出地位——复活事件是"预表之启示"（proleptic revelation）的终极事件——耶稣的复活作为普遍性的历史之终末的预先显现。他写到："在耶稣的天命中，历史的终末已作为预表而预先被经验了……在作为一切历史终末之预表的耶稣的天命中，上帝被启示为全人类的上帝。"[41] 1962 年在一文

---

39 Wolfhart Pannenberg. Faith and Reality [M]. Trans. John Maxwell. Philadelphia: Westminster. 1977. 84.

40 Wolfhart Pannenberg. Theology and the Kingdom of God [M]. Philadelphia: Westminster. 1977.56.

41 Wolfhart Pannenberg.Revelation as History [M]. trans. David Granskou. New York:

中，他明确提出一切实在均具有一种预期性的结构（proleptic structure）。潘能伯格运用"预表"这一概念来解释耶稣基督的天命对于全人类以及人类历史的普遍意义。在《耶稣——上帝与人》一书中，他认为在耶稣其人及其历史中，作为整体之实在已经被预表；在其复活中，尤其是历史之终末（eschaton）已经预先存在。

先前我们论及潘能伯格关于人作为敞开性的或外在中心性的存有的概念，发现这不可避免地与历史以及在历史中存在的人的概念相关。我们已经探讨了何为人的敞开性以及何为历史，现在转而探讨历史如何进入对人的界定。人的敞开性意味着人不是静态的存有，而总是处于向未来敞开或生成过程之中的存有。基于此，潘能伯格认为人首先是历史性的存有。与历史相似，人也是以未来为导向的。人可以通过盼望、计划和预期对未来有一个与预先性地把握。他朝向未来的敞开不仅表现在消极之盼望，还表现在持久性的对现存事态之超越。因而，人的敞开性意味着他拥有可能性，拥有未来和历史。潘能伯格如此表述，"人的本质……归属于那仍能决定现在甚至是当下的'尚未'之维度……人不是某种特定的、不可改变的结构，而是拥有历史。"[42]正是由于人的本质归属于那"尚未"的维度，人才既不可以凭其过去，宜不可以凭其现在而被完全把握。

因此，当我们从历史的角度来理解人之敞开性，这意味着仅在历史之终末，人的真正本性和命运才能完全显现。这样，成为上帝的形象（imago Dei）与潘能伯格对普遍历史终末的理解密切相关。上帝的形象之完全显现于终末，然而这一完全已经借着耶稣基督其人和历史预先存在。在这一情形下，人已经并且总是被先行把握（Vorgriff），预见为的形象。潘能伯格论述：

> （因而）历史的过程可以与人的外在中心性作比较，因为这是一种持续不断地超越于眼前和特定事物的运动。生命的这一外在中心性的运动……急切地寻求一种全面的实现。[43]

潘能伯格认为我们现在所经验到的一切都是预先的和暂时的。历史的意义仅在终末才出现，甚至这一终末作为人类历史的终点（finis）和目的（telos）

Macmillan. 1968. 134.

42 Wolfhart Pannenberg. Faith and Reality [M]. Trans. John Maxwell. Philadelphia: Westminster. 1977. 34.

43 Wolfhart Pannenberg. Anthropology in Theological Perspective [M]. trans. Mattew J. O'Connell. Edinburgh: T. & T. Clark, 1985.486.

会影响和决定历史的真实进程。正如没有终末，便不能有对历史的真实理解；同样，没有终末，便没有对人的恰当理解。

## 三、对基本神学人类学的反思以及从基本神学人论转向教义学人论

一方面，基本神学人类学对于当代人类学而言，是对后者的整体把握与批判利用，是神学视角下的人类学，或言从神学来看待当代人类学。它与教义学人类学的不同之处在于后者从一开始便预设了上帝的存在以及与此相关的人观。同时，它与当代人类学的不同之处在于后者努力把对人自身的理解从基督教传统的构架中解放出来，单单在人与动物、人与世界的关系中界定人，而不涉及上帝的观念。潘能伯格神学人类学的进路是一开始把上帝的存在以及基督教教义对人的预设置入括号，从经验科学所揭示出的相对客观的人类现象出发，在普遍的文化与历史的维度中，发现深层的宗教之维度。

这一神学进路与蒂利希在《文化神学》（1959）中所展示的进路相似，蒂利希考察了人类的各种文化活动与文化形式，在其深层发现了宗教性的意蕴。人之宗教性的意蕴体现在人的终极关切（ultimate concern）和人参与存在本身的力量。终极关切，包含"无条件地与我们有关的东西"和"趋向无条件者"这两方面的意思，既指无条件关切的状态又指无条件关切的对象。终极关切在人类文化活动的各个领域都有表现：在认识领域，表现在作为对终极实在的热切渴望；在道德领域，表现在道德需求的无条件的严肃性；另外在审美领域，表现在表达终极意义的无尽的期望。[44]在《系统神学》卷一（1951）中，蒂利希表明人的终极关切的根源在于上帝作为"存在的根基"，作为存在之根基的上帝是人克服虚无的存在论之依据。[45]蒂利希对人的终极关切这一深层的揭示，无疑具有人类学的意义，是从哲学和神学角度对人之为何以及人之生存意义的界定。

同样，潘能伯格从当代哲学人类学出发，将人理解为"向世界敞开"进而"向上帝敞开"的存有，这在于人是上帝的形象，在历史过程中逐渐实现自身的命运——与上帝相契合。人之所以能够在历史中实现自身的命运，其依据在于上帝是"决定一切的实在"（die alles bestimmende Wirklichkeit

---

44 Paul Tillich. Theology of Culture [M]. New York: Oxford University Press. 1964.
45 Paul Tillich. Systematic Theology [M], Vol. 1.The University of Chicago Press. 1951.

/all-embracing reality）；历史进程是上帝间接的自我启示，历史的统一体具有最终的目的。从整体而言，蒂利希与潘能伯格对人之为何的人类学考察，最终的依据仍在于他们对上帝之观念的把握。只是潘能伯格在考察人的存在、现实整体与上帝的存在中，特别突出的是对其历史性的考察。下面我们对潘能伯格的神学人类学进路作进一步的概括与分析。

从笛卡尔开始，西方哲学就不断将上帝的观念予以人类学化。上帝在理解自然界尤其是自然科学中越来越少作为解释性因素。上帝越来越多被视为解释人类主体性的预设。因而，对神学之合理性的无神论攻击都被阐释为集中于神学人类学之上，即集中于那些对什么是人类存在和自我理解之真理性的分析之上。潘能伯格认为神学不能只拘泥于教义学，还要赢得公众的倾听，寻求其普遍有效的起点。诚如朋霍费尔对巴特神学的批判，神学若仅限于教会之内的言说和宣告，那么它便丧失了对教会之外的更为广阔的人类经验之言说与反思的权力。[46] 为了做到这一点，潘能伯格诉诸于一种人类学观察，发现人的存在论构成是作为一种敞开性或外在中心性的存在，其中便包括宗教的维度。

潘能伯格不是试图提供一种关于上帝之存在的人类学证明，而是设法表明"在自然的宗教倾向里，我们不可避免地是宗教性的，尽管宗教对象可能是幻想"[47]。在对无神论批判的回应中，更基本的问题不是关于上帝的陈述是否仅仅是一种幻想，而是上帝观念的发展是否构成了人类自我理解的一部分。潘能伯格基本神学人类学的主要目的之一就是表明人对至上存在的体验是生存的重要部分，对这一点的任何忽视都会对人的本性造成误解。潘能伯格基本神学人类学中的一对核心概念是"向世界敞开性"（Weltoffenheit）和"向上帝敞开性"（Gotteoffenheit）。人独一无二的向世界敞开，被驱动去超越世界上现存的一切，超越每个追问的新视野，超越每一个当下的体验，从而更深层地进入这一敞开性之中。尽管潘能伯格从当代哲学人类学特别是舍勒那里借用了"向世界敞开性"（Weltoffenheit）的概念，他通过一种在神学上更为坚定和令人信服的方式发展了这一概念。通过将敞开性描述为不仅是向世界的敞开，更重要的是向上帝敞开，及其相应地向未来的敞开，潘能伯

---

46 [德]蕾娜特·温德.力阻狂轮:朋霍费尔传 [M]. 陈惠雅译，四川人民出版社，2006.
47 Wolfhart Pannenberg. Systematic Theology [M], Vol. 1. trans. Geoffrey W. Bromiley. Grand Rapids: William B. Eerdmans. 1991.157.

格避免了舍勒的僵局。在舍勒那里，有限的世界成为人类自身中的无限敞开性的度量，这样一种解答并不令人满意。通过将人类的敞开性描述为超越世界的敞开性、无限敞开性这一驱动直至最终向上帝敞开，潘能伯格得以超越舍勒的自然主义。

但是潘能伯格没有走的更远，而是如此宣称，当人完全意识到他依赖于一种超越有限存在的存在时，他所意识到的对象便是神圣的存在。这里有两个问题有待解决。第一，实现从向世界敞开状态到向上帝敞开状态，这无疑是一种跳跃。潘能伯格自己承认这是至关重要的跳跃，若没有这一跳跃以后的一切便是空谈。但是我们要追问这一跳跃的依据何在？潘能伯格回答这依据在于人是上帝的形象以及人的命运。但是人是上帝的形象在潘能伯格看来却并非完成的状态，而是"一个基础性的轮廓"，仅处于生成过程之中[48]。那么这一未完成的、基础性的轮廓或此生成过程是否保证人必然地实现这一跳跃，便是值得商榷的了。因为生成不仅是由低级到高级、或曰螺旋式的上升，它还包括"成、住、坏、空"的演化阶段。在我看来潘能伯格所建立的人向上帝敞开性的根基并不牢靠。向世界敞开性并不必然导致对有限世界之超越，还可能蕴含着在有限世界中的"沉沦"，沉溺于纷繁芜杂的世事。或如海德格尔所言，对上帝只是一种期盼，这种期盼只是一种尚不知历史终末之为何的观望，而非真正带有生命之委身性质的信仰抉择。

其次，即使诚如潘能伯格所言人向世界敞开最终导向了人向上帝敞开，这也不能保证其敞开的对象就是基督教传统所认信的那一位有位格的上帝，即《圣经》中所言的有理智和意志的存在者，创造宇宙，并始终维系着它，以神意来指引它；创造人类，在人类堕落之后，让圣子施行拯救；并且还有圣灵来维系着圣父、圣子与人彼此间的交通。人从自己的追问出发，探究终极目的，经由世界朝向上帝，依据潘能伯格的这一进路朝向的那一位是如同蒂利希所言的作为存在之根基的上帝，是哲学化的上帝，而非有位格的上帝。潘能伯格后来也注意到这一进路的局限，在《系统神学》第二卷中探讨人类学与基督论的关系，把基督作为区分性与被造依存性之创造原则以及道成肉身来解释人在本质上关联于上帝——向上帝敞开性。

另一方面，基本神学人类学相对于系统神学而言，并非作为整个系统神

---

48 Wolfhart Pannenberg. Anthropology in Theological Perspective [M]. trans. Mattew J. O'Connell. Edinburgh: T. & T. Clark, 1985.50-55.

学体系的基础（foundation），而是为系统神学提供一种方法论的开端。他认为："我们必须首先系统地把握所有的其他学科（即不只是神学，而还有哲学及其与各自然和社会科学进行的对话），然后才跟提出上帝的观念。"[49]

# 第二节、教义学人论：上帝的形象（imago Die）与人的使命（Bestimmung）[50]

教义学人论是对基督教关于人之为何、人的本性与使命、人与上帝的关系的教义学考察。在《系统神学》卷二（1991），潘能伯格立足于基督教人论的传统教义学命题，在教义学与当代人类学之间展开对话。但是，与其在《人是什么？从神学看当代人类学》（1962）和《神学视角下的人类学》（1983）中的研究进路不同的是他不再将人论置于基本神学的地位，而是将其置于上帝的启示这一神学背景下。这与他在《系统神学》中，试图提出一个全面而科学的上帝之观念的计划有关，因为潘能伯格认为整个基督教教义学的主题都与上帝的观念、三一上帝论有着内在的关系，只有将教义学的各个主题置于上帝之观念以及三一上帝论的背景以及关联中，每一个主题才能获得全面而深刻的考察，那么人论也是如此。在《系统神学》卷二，潘能伯格的教义学人论与其前期的基本神学人论仍具有内在的联系，并且在研究的主题上有诸多相似之处。在这一部分，潘能伯格主要围绕三个主题展开：人的本性：肉体与灵魂的身位性统一（personal unity）；人的尊贵：上帝的形象与人的使命；人的苦难：人的罪性与原罪。这三个主题依次对应于《神学视角下的人类学》中的如下三个主题：人的独特性；向上帝的敞开性与上帝的形象；人的中心性（Centrality）与罪。下面我们对这三个主题逐一进行分析，并探讨教义学人论与基本神学人论之间的内在延续性。

## 一、人的本性：肉体与灵魂的身位性统一（personal unity）

潘能伯格用"肉体与灵魂的身位性统一"来描述人的本性，他沿袭当代神学传统，将人看作整体性的存在者。当代人类学对意识现象的解释，及其

---

49 Theology as History [G]. New Frontiers in Theology, Vol. III, J.M.Robinson and J.B.Cobb, eds., Harper & Row, Publishers, Inc. 1967.16.

50 该节以<潘能伯格系统神学中的人论概述>，发表于《基督教学术》（CSSCI），第13期，2015年6月。

在意识与肉体生命之间展开的关联，这种对人之生命统一性的强调，使得柏拉图主义与笛卡尔式形而上学中关于肉体与精神的实体二元论思想很难再站稳脚跟。潘能伯格从《旧约》传统直至当代的行为主义学派（behaviorism）中看到了这一教义学人论的历史渊源。

首先，《旧约》中的尼弗希（Nephesh）思想。在第二个创造故事中，[51]《创世纪》二章 7 节把亚当描述为 nephesh hayya（living soul）[52]。"耶和华神用地上的尘土造人，将生气（ruach）吹在他鼻孔里，他就成了有灵的活人（nephesh hayya），名叫亚当"（创 2：7）。Nephesh 并非与身体相区别的独立实体，而就是被赋予灵魂（ensouled）的身体本身，Nephesh 用来代表作为整体的"活人"（a living being）。因而，Nephesh 并不具备亚里士多德-托马斯主义中实体（substance）这一概念所表达出的自主性（autonomy）。[53]Nephesh 的基本含义是咽喉、喉咙，并且通常用来表示饥渴的喉咙，比如在《箴言》二十五章 25 节中，"有好消息从远方来，就如拿凉水给口渴的人（a thirsty nephesh）喝。"《箴言》二十七章 7 节："人吃饱了（a sated nephesh），厌恶蜂房的蜜。人饥饿了，一切苦物都觉甘甜。"因而，潘能伯格认为《创世纪》将亚当描述为 nephesh hayya，这表明亚当是匮乏而饥渴的，他的生命形式充满着欲求与渴望。作为 nephesh 的人，或曰被赋予灵魂的身体并非依据自身而存活（live of itself），而是要依靠神圣的路阿克（ruach）[54]，即上帝的灵（Sprit of God）将生命的气息吹入其中。

潘能伯格从尼弗希思想进入路阿克思想，进而转入与其他被造物相区别的人的独特使命。他认为在《旧约》中，"路阿克"（ruach/spirit）并不意味着心智或思维能力，而是指生机勃勃的创造力（a vital creative force）。这尤为表现在《创世纪》二章 7 节，上帝将生气吹给亚当，并且这使得上帝所创造的得着生命（约伯记 33：4）。潘能伯格认为这意味着生命的气息（nishmat hayyim）不能与上帝的灵（ruach）相分离，而生命的终结便在于上帝的灵离开了人（创 6：3）。作为"血肉之躯"，人与其它被造物一样都会死亡，但是

---

51 《创世纪》第一个创造故事见于一章 1 节至二章 4 节上。

52 中文《圣经》和合本译作"有灵的活人"。

53 Wolfhart Pannenberg. Systematic Theology [M], vol.2. Trans.Geoffrey W. Bromiley. Edinburgs: T & T Clark.. 1994.185.

54 路阿克：希伯来文 *ruach* 的音译，*ruach* 原意是风，可被译作"风"、"气"或"灵"。

只要生命存活下去，这便在于从上帝的灵而来的生命的气息的持续活动。潘能伯格认为《旧约》中所描述的尼弗希与路阿克之间的关系，或曰人的灵魂（soul）与上帝的灵（Spirit）之间的关系，并未给予人在被造界中任何的独特之处。因为，动物也被列为 nephesh hayya（创2：19），它们跟人类一样也拥有生命的灵（创 1：20；6：17；7：22）。尼弗希与路阿克之间的关系表明人和动物的生命的维系总是需要路阿克，路阿克并非被造物本身所具有的生命元素。相反，它表明被造物的生命所具有的外在中心性的特质（an eccentric character），这指向了上帝的灵的神圣统治。潘能伯格论述到："活的被造物在其中拥有生命的气息，但是这并不受他们的支配。上帝总是被造物的生命的主。"[55]那么，人在被造界中的独特地位为何呢？潘能伯格认为依照《创世纪》中的第一个创造故事，人在被造界中的独特地位在于人与上帝的相像（likeness），以及与此相关的对其它被造物的掌管。[56]

其次，与在公元二世纪中叶成为晚期古希腊罗马时代的主流哲学的柏拉图主义相对，早期教父以灵肉统一体（psychosomatic unity）作为基督教人论的基本原则。他们接受灵魂作为独立的实体，但是坚持灵魂与肉体一并构成了人，都是构成人之实在的不可缺少的质素。尽管强调灵肉统一体，但是灵魂与肉体的二元论思想仍然渗透入基督教人论之中。潘能伯格认为早期教父的灵肉统一论与柏拉图主义有着如下三点不同。第一，柏拉图将肉体看作因禁灵魂的监狱或坟墓（Gorg.493a; Crat.400b-c），早期教父认为肉体与灵魂都是上帝美好的创造，一并表达了上帝的创造意志。第二，柏拉图认为灵魂是神圣的（Rep.611e），但是早期教父认为它只是我们被造之人的本性的一部分。比如查士丁（Justin Martyr, 约 100-165）[57]在《与特立弗对话录》（Dialogue with Trypho）中论述到尽管灵魂是身体的推动力量，但是它并非依存于自身。第三，早期教父拒斥灵魂的先在（preexistence）以及与此相关的柏拉图所言的灵魂轮回说（Phaed.76e-77d）。伊里奈乌（Irenaeus, 约 130-202）[58]反对人具有出生

---

55 Wolfhart Pannenberg. Systematic Theology [M], vol.2. Trans.Geoffrey W. Bromiley. Edinburgs: T & T Clark. 1994.186.

56 Wolfhart Pannenberg. Systematic Theology [M], vol.2. Trans.Geoffrey W. Bromiley. Edinburgs: T & T Clark. 1994.189.

57 查士丁：公元 2 世纪基督教的护教士之一，于公元 165 年前在罗马殉道。著有《第一护教辞》（Apologia I）、《第二护教辞》（Apologia II）、《与特来弗对话录》（Dialogue with Trypho）。

58 伊里奈乌：一译爱任纽，早期基督教的护教学家、里昂主教。著有《驳异端》

之前的记忆以及与此相关的灵魂的先在。

## 二、人的尊贵: 上帝的形象（imago Dei）与人的使命（Bestimmung）

　　《圣经》中有着丰富的人论思想，这是基督教神学人论的发端和源泉，但是历来的神学家对此也是作出了复杂多样甚至是互相矛盾的阐释。《创世纪》一章 26 节："神说，我们要照着我们的形象（zälem）[59]，按着我们的样式（demuth）[60]造人，使他们管理海里的鱼，空中的鸟，地上的牲畜，和全地，并地上所爬的一切昆虫。"如前所述，人是上帝的形象与人对世界的管理是相关联的，这表明了人在被造界中的独特地位。但这一管理并非统治，根据第二个创造故事，这是更加类似于管家的工作，因为世界的主权仍归于上帝。在《新约》中，耶稣基督是上帝确真、确切的（definitive）形象，比如"基督本是神的像"（林后 4：4）；"爱子是那不能看见之神的像，是首生的，在一切被造的以先"（西 1：15）；"他是神荣耀所发的光辉，是神本体的真像"（希 1：13）。那么，究竟上帝的形象和样式是什么，有何内涵？在人类始祖亚当和耶稣基督身上的上帝的形象有何关系？

　　20 世纪的神学家中主要针对此问题作出回应的有朋霍费尔（Dietrich Bonhoeffer, 1906-1945）和卡尔·巴特。朋霍费尔在《创造与堕落》中采取了与巴特相似的模式来处理这一问题，[61]故而，在此我们主要介绍巴特的思想。巴特根据《创世纪》一章 26 节的前半句"我们要照着我们的"来解释上帝的形象[62]。既然上帝的形象与样式是"复数的存有"，那么上帝的形象便表现在

---

（*Adversus Haereses*）、《使徒教义的实证》。

59 形象：希伯来文 *zälem*，希腊文 eikōn，拉丁文 imago，英文 image，中文译作形象、形像或肖像。

60 样式：希伯来文 *demuth*，希腊文 homoiōsis，拉丁文 similitudo，英文 likeness，中文译作样式。

61 朋霍费尔在《创造与堕落》中，以与巴特相类似的模式即"关系的类比"以及男女两性来处理神圣形象的问题。上帝在人身上创造他在尘世的形象，这意味着人与上帝相像之处在于他是自由的。自由不是一种可以发现的品质，而是一种关系，是"为了他人而自由"（*frei-sein-für-den-anderen*）。上帝不愿为了自己而自由，而是为了人。朋霍费尔论述到："（被创造者与创造者的自由）区别在于被创造者是与其他被造者相关的，人是为了人而自由，创造者创造一个男人和一个女人。人不是孤独的，他处在二元状态（*zweiheit*），在这种对于另一个人的依附状态中蕴含着人的被造属性。"参见《第一亚当与第二亚当》，王彤、朱雁冰译，道风书社，2001. p.136-142.

62 《创世纪》一章 26 节：神说，我们要照着我们的形象，按着我们的样式造人，使

人类的共同性（co-humanity）之中，其基本的表现形式是男性与女性的差异与关系。换言之，无论男性还是女性都无法独自地、完整地表现出上帝的形象；人性是由人与人之间的关系所构成的。[63]巴特以人类的共同性来解释人作为上帝的形象，这根源于其"关系的类比"（analogia relationis）的原则。关系的类比是相对于自然神论（Deism）中"存在的类比"（analogia entis）原则而提出[64]。存在的类比原则是凭借人的理性，从存在者及其序列出发，自下而上地来认识上帝，寻求诸存在者（beings）与作为至上存在者（the supreme Being）的上帝之间的关系，其背后的哲学基础是希腊哲学中柏拉图式的理念（Eidos）的实在性以及亚里士多德的四因说。巴特认为这一方法逆转了造物主与被造物之间的顺序，虽然能够理性地证明作为无限完满的、第一推动力或最终目的的最高存在者的存在（exist），但人们仍然无法识别这一位存在者就是基督教所认信的那一位有位格的上帝，那一位作为创造者、保守者和救赎者的上帝。[65]与此相反，关系的类比的根源在于上帝的启示，从三位一体的位格（person）之间、上帝与人、人与人以及男性与女性之间的关系出发来认识上帝。巴特认为既然上帝在本质上是一个差异与关系的存有，位格之间是互渗互存（co-existence）的关系，那么被造者身上所居有的神圣的形象与样式便意味着他们的存在既有独特性又有共同性。巴特论述到："在本质包含了我和你的上帝以及含有男女两性的人性之间存在着一个清楚而简单的相似性，就是关系的类比。"[66]概言之，巴特认为神圣的形象是指男女性别之间的差异与关系。

对于巴特的这一解释，潘能伯格认为首先从释经学的角度就很值得商榷。因为在《创世纪》中除了五章 1-2 节之外——该两节是对一章 27 节逐字

---

他们管理海里的鱼，空中的鸟，地上的牲畜，和全地，并地上所爬的一切昆虫。

63 Karl Barth. Church Dogmatics [M], III/1.trans. T.H.L. Paker, W. B. Johnson, H. Knight, & J.L.M. Haire. Edinburgh: T. & T.Clark. 191,205.

64 这一原则经典地运用于阿奎那关于上帝存在的五种证明，后来在自然神论中被运用于关于上帝存在的设计论证明。康德在《纯粹理性批判》中指出，关于上帝的宇宙论（其中一种形式是设计论）、目的论的证明其前提是 11 世纪安瑟伦（Anselm, 1033-1109）所提出的本体论证明（从上帝作为无限完满的存在出发，来证明上帝的实在性），作为宇宙设计者或宇宙之最终目的的上帝隐含着作为"可以想象的无限完满的存在"的上帝这一预设。

65 Karl Barth. *Church Dogmatics*《教会教义学》，II/1，p.93-94.

66 Karl Barth. Church Dogmatics [M], III/2.trans. T.H.L. Paker, W. B. Johnson, H. Knight, & J.L.M. Haire. Edinburgh: T. & T.Clark.323.

逐句的重复——没有任何其它经文再将神圣的形象与男女性别放在一起提及。此外，人之被造作为男性和女性，这只是人按照上帝的形象之被造的补充，在《创世纪》一章 21 和 26 节，上帝创造各种动物和飞鸟也是"各从其类"，这一类别中也会包含性别的差异。从《创世纪》一章 26 节，我们可以引申出男性和女性都同样是按照神圣的形象所造的，但不能得出人作为上帝的形象是由于性别间的关系与差异所构成这一结论。如果我们认同巴特所言的男女性别关系对应于父与子的三一关系，那么我们就必须使女性从属于男性，正如巴特使子从属于父。潘能伯格认为《创世纪》中的这一创造故事表明的是男性与女性在原则上的平等，因为他们都是按着上帝的形象所造，而与性别间的差异无关。[67]

基督教神学对上帝的形象的古典理解是把它与智慧（wisdom）或灵魂（soul）联系起来，潘能伯格认为这一思路通过亚历山大里亚学派（Alexandrian School）、尼撒的格里高利（Gregory of Nyssa）、奥古斯丁而成为西方神学的主流思想。早在《旧约》的《智慧篇》中，智慧便取代了神圣的形象，而成为人管理其他被造物的前提条件，并且人的永生也跟智慧的恩赐有关。[68]基于智慧的先在性（preexistence）和智慧的恩赐，公元前 1 世纪犹太教神学家斐洛（Philo，约前 30-45）[69]提出先在的逻各斯（Logos）的思想，并将人的努斯（nous）[70]作为其形象。受到斐洛的影响，基督教的亚历山大里亚学派将神圣的形象限定为人的理性（reason）。[71]尼撒的格里高利和奥古斯丁分别在东方和西方的教

67 Wolfhart Pannenberg. Systematic Theology [M], vol.2. Trans.Geoffrey W. Bromiley. Edinburgs: T & T Clark. 1994.205-206.

68 《智慧篇》被天主教和东正教收为正典，但被新教排除在外。天主教《圣经》思高版《智慧篇》二章 23 节："其实天主造了人，原是不死不灭的，使他成为自己本性的肖像（image）"；八章 13 节："借着她（智慧），我将永垂不朽，且为我以后的人，留下永恒的记念"；八章 17 节："我每一念及这些思想，心里反复思量：不死不灭是在于与智慧亲近"；九章 2 节："以你的智慧造了人，使他统治你所造的万物"。

69 斐洛：希腊化时期犹太-希腊哲学家、神学家、新柏拉图主义者。致力于将希腊哲学特别是柏拉图与斯多亚学派和犹太教思想相调和。著有《创世论》、《论神的不变性》和《论美德》等。

70 努斯：古希腊哲学术语，基本含义有心智、理性、理性灵魂、理性思维等，在此处主要含义为理性。

71 参见亚历山大的克莱门（Clement of Alexandria）的《杂文集》（*Stromata*5.94.5）和奥利金（Oirgen）的《论原理》（*De Principiis*1.1.7.24）。

会中继承并传播了这一思想。[72]但是，潘能伯格对这一解释仍不满意，因为依据《创世纪》一章 26 节，亚当被造为 nephesh hayya，即"有灵的活人"，他是一个完整的人，或如前所述，是肉体与灵魂的身位性统一。《圣经》中并未把肉体与灵魂区别开来，也没有特指灵魂为神圣的形象。

潘能伯格认为迄今为止基督教神学家尚未对上帝的形象作出令人非常满意的解释，他试图寻求新的出路。首先，他追溯了基督教神学中两种截然不同的人观的根源及其代表思想。第一种根源于早期东方教父亚历山大里亚的亚大纳西（Athanasius of Alexandria, 298-373）[73]，亚大纳西并未明确区分神圣的形象（zälem）与样式（demuth），他将神圣的形象等同于人被造之初的完善（original perfection）。这一神圣的形象以及人的完善在堕落（Fall）之后便丧失了。与此同时，亚大纳西把作为上帝形象的耶稣基督视为永恒的逻各斯（Logos asarkos/eternal Logos）。[74]耶稣基督的救赎在于修复人在亚当堕落后所丧失的神圣形象及其荣耀，恢复人与上帝的契通或相交关系（fellowship with God）。这一思想被宗教改革时期的神学家继承下来，他们一并继承的是奥古斯丁对于人在伊甸园中最初的荣耀（original glory）的肯定。宗教改革神学家认为《创世纪》一章 26 节中的"形象"与"样式"这两个术语的含义是相同的，随着亚当的堕落，人一并丧失的是神圣的形象与样式。同时，他们还将"我们要照着我们的形象，按着我们的样式造人"这一陈述等同于诸如《歌罗西书》中所说的"（你们）穿上了新人，这新人在知识上渐渐更新，正如造他主的形像"（3：10）以及《以弗所书》中所说的照着神的形像，有真理的仁义和圣洁的新人"（4：24；5：9）这些陈述。这不仅意味着人类始祖身上的神圣形象就是原初的义（original righteousness），还表明了通过耶稣基督的救赎，人成为新造的人，修复了在堕落后所丧失的神圣形象以及人与上帝的契通关系。[75]潘能伯格认为按照这种解释，耶稣基督作为上帝的确真、确切

---

72 参见尼撒的格里高利 De hom.op.5，奥古斯丁的《上帝之城》（*Civ. Dei* 13.24.2，12.24）.

73 亚历山大的亚大纳西：一译亚历山大利亚的阿塔纳修，埃及亚历山里亚大城的主教，东方教父之一。著有《圣安东尼传》和《道成肉身》。

74 亚大纳西受到奥利金的影响，关于永恒的逻各斯参见奥利金的《论原理》（*De Principiis* 1.2.6），以及亚大纳西的《道成肉身》13.7。

75 我们把亚大纳西-宗教改革神学家在处理神圣形象的内涵以及作为神圣形象的亚当与基督间的关系问题时的这一思路称作"人之神圣形象的修复说"（restoration）。这一人论思想（其中也蕴含着基督论的救赎观念）与 11 世纪经院

的形象与被造之人身上一般的（general）神圣形象之间并不相互关联。这样基督论与人论便分道扬镳了，尽管它们在其它要点上有所交集，比如通过逻各斯的观念把作为永恒逻各斯的耶稣基督与参与（或分享）这一逻各斯的人关联起来。另一方面，依照这一思路，凭借耶稣基督的救赎，人虽然修复了在堕落后丧失的神圣形象，或曰在堕落中被粉碎的人之被造使命（destiny）虽然藉着耶稣基督而实现（fulfill），但是这一实现并未超过人的原初使命。[76]

　　第二种人观根源于公元二世纪里昂的主教伊里奈乌。他在形象（zälem）与样式（demuth）之间作出区分，用希腊哲学中柏拉图的两个术语 eikōn 和 homoiōsis[77]来翻译它们。eikōn 作为肖像或摹本（copy），与样本或模范（exemplar）[78]是不同的，并且稍逊于样本。Homoiōsis 表明了与样本的真正契合（communion）。在柏拉图看来，尽可能地趋同于神圣本体是人生的使命和目标（Republic, 613a4ff）。在此基础上，伊里奈乌把形象视作将人与动物区分开来的一种品性，而样式则是人必须努力奋斗才可获得的完善。我们的身上有着上帝的形象，但并非就居有了上帝的样式（Adv. Haer.5.6.1）。一方面，伊里奈乌区分了作为原本的（original）基督与作为摹本的（copy）亚当（Adv. Haer.5.12.4）。另一方面，他将样式解释为 homoiōsis，homoiōsis 把摹本与原本联系起来。正如摹本亚当关联于原本基督，神圣的样式也获得了一种使命或

---

神学家安瑟伦所提出的关于耶稣基督的"补赎说"有着深刻关系。安瑟伦在《上帝为何降生为人？》（*Cur Dues Homo?*）的著作中，提出人类犯罪，冒犯了上帝的尊严并对上帝欠下了罪债，这超出人类的偿还能力；为替人类赎罪，基督必须既是真正的神，又是真正的人，并以无罪之身代人受死，这样人才能与上帝和好并获得救赎。

76 Wolfhart Pannenberg. Systematic Theology [M], vol.2. Trans.Geoffrey W. Bromiley. Edinburgs: T&T Clark. 1994.209.

77 注意区分希腊文 Homoiōsis 与 Homousia 。Homoiōsis 中文一般翻译为"近质说"，是早期古教父在基督论方面的一种主张，认为基督的本质与父的本质并不一样，却非常接近，代表人物如亚历山大里亚的俄利根（Origenes Adamantius of Alexandria, c.a.185-254）。这可说是阿里乌主义（Arianism）和同质说（homousia）的中间路线。但是，教会在公元 451 年迦克墩（Chalcedon）会议上确认基督的一位二性的同时，也清楚地表明教会的正统教义主张是同质说。在此，伊里奈乌用希腊文 Homoiōsis 来翻译希伯来文 *demuth*（样式）。

78 Exemplar 出自拉丁文 *exemplaria*，有模范、原型之意。我们可以借助康德的一段话来理解 ememplar，他在谈及纯粹理性概念时，这样论述到："理性的纯粹概念没有什么模范（拉 exemplaria）；它们本身就是原型，但是我们的纯粹理性的概念有这理性本身为其原型，因而是主观的，而不是客观的。"——康德，《反思录》（B.Erdmann 版）Ⅱ 第 1254 条。

目的，这是在人生的道德努力中通过趋同于原本（assimilation to original）而获得的。人类始祖没有达到这一目的，这一目的仅在耶稣身上成就（fulfill）了，因为他是原本即形象本身的化身（incarnation of the image itself）。与另一位早期教父亚大纳西不同，伊里奈乌不是把耶稣基督理解为先在的、永恒的逻各斯（preexistent and eternal Logos），而是道成肉身的逻各斯（incarnate Logos）（Adv. Haer.5.16.2）。概言之，伊里奈乌认为人在生长过程中是一个由不完善趋于完善的过程，而整个成长过程对人而言是一个教育和道德提升的过程。当人犯罪后，他失去了神圣的样式，但仍然保留着神圣的形象。伊里奈乌的人论思想相较于亚大纳西的思想更易于被现代的释经学和人类学所接受。这一思路被18世纪德国哲学家、神学家赫尔德继承下来，赫尔德认为神圣的形象并不意味着人原初的完善或原初的义，他通过"演化的上帝的形象"（evolving image of God）这一概念表明人类的这一生命过程和目标。[79]

潘能伯格对伊里奈乌-赫尔德提出的人之神圣形象的实现说或成就说深表同情。他认为基督教神学必须依照《新约》中保罗把耶稣基督视作上帝的形象（林后4：4；西1：15）以及将信徒转变为这一形象的论述（罗8：29；林前15：49；林后3：18）来解读《旧约》中关于神圣形象的说法。潘能伯格认为《创世纪》一章26节表明的不是人已然就是上帝的形象，而是人"依照"或"按着"（according to）上帝的形象所造。此处暗示出原本（original）与摹本（copy）的区别，但在这里至于原本究竟为何仍是含糊未定的。犹太智慧文学（智慧篇7：26）认为原本是先在的智慧，斐洛认为是先在的逻各斯，保罗认为是荣耀的基督（林后4：4）。潘能伯格认为只有当摹本与原本"相像"（like）时，摹本才能代表原本，尽管"相像"的程度有所差异；如前所述，"样式"（likeness）将原本与摹本联系起来（伊里奈乌）。换言之，相像的程度越高，原本在摹本中的临在就越发清晰和透彻。[80]

潘能伯格认为伊里奈乌神学的价值在于为相像的程度留有余地，在人类始祖亚当身上发现了人与上帝的某些相像之处，它的完全实现或成就却是在耶稣基督的身上，在其中原本显现自身。然而，伊里奈乌的问题在于他不仅

---

79 我们把伊里奈乌-赫尔德在处理神圣形象的内涵以及作为神圣形象的亚当与基督间的关系问题时的这一思路称作"人之神圣形象的实现说或成就说"（fulfillment）。

80 Wolfhart Pannenberg. Systematic Theology [M], vol.2. Trans.Geoffrey W. Bromiley. Edinburgs: T & T Clark. 1994.215-216.

区分了相像的程度的不同，进而还在形象与样式之间作出了绝对的区分，这样，亚当在违背上帝的意志之后，他丧失的只是神圣的样式而仍然保有神圣的形象。潘能伯格认为显然这一区分并不合理。一方面，从释经学的角度而言，在《创世纪》一章 26 节中的这两个术语原本就互相关联，故而不可能有着绝对的区别。另一方面，如果形象与它所要描述的对象之间没有了相像之处，那么它也就不再是形象了。相反地，形象越鲜明，其中的相像程度越高。

沿袭伊里奈乌的神学思路，18 世纪德国神学家赫尔德再次提出人并非固定不变的存有。传统、文化、理性和经验都是人实现神圣形象的手段，并且在人实现这一目标之前，上帝不会离弃人。[81]潘能伯格认为赫尔德人论的不足之处在于没有将人类朝向这一神圣形象的发展与作为形象之成就的耶稣基督的显现联系起来，而只是一般性地将人类历史的推进以及不朽作为人类的目标。换言之，赫尔德没有将人论奠基于基督论的神学基础上，这样，人之生命目标的实现仍然是尚不确定的。因为在人类始祖亚当身上，人就是尚未成就这一目标与使命。

潘能伯格融构了伊里奈乌和赫尔德的思想，他没有在神圣的形象与样式之间作出绝对的区分，提出了神圣的形象并不代表原初的完善（original perfection），而是处于过程之中的人类使命（Bestimmung/destiny），同时将人论明确地奠基于基督论的基础上，耶稣基督是这一人类使命的完全成就或实现。潘能伯格论述到："那么，在关于人类种族的这个故事中，上帝的形象并非在起初便获得。它依然处于过程之中。这对于样式甚至形象本身而言都是如此。既然样式（likeness）对于一个形象而言是本质性的（essential），那么按着上帝的形象我们被造者便内在地与完全的相像（full similarity）有关。这一完全实现（full actualization）是我们的使命，在历史中由耶稣基督所实现，其他人可以借着转变为基督的形象而参与其中。"[82]

那么，神圣的形象或样式在潘能伯格神学中究竟有何内涵？潘能伯格认为神圣的形象或样式作为被造之人的使命而非已然居有的状态，就是指人与上帝契通或相交（fellowship with God）。首先，依据《创世纪》一章 26 节，被造之人的使命与人是照着上帝的形象所造相关，那么这一使命便不能仅仅与人的理性或管理其它被造物的职责相关，而是首先意味着与上帝的永恒有

---

81 J.G.Herder, *Ideen der Geschichte der Menschheit*《人类历史的观念》（1784），9.5.
82 Pannenberg,《系统神学》卷二. p.217.

着某种相像。《智慧篇》将神圣的形象理解为参与（participation）上帝的荣耀和永生（2：23）；并且这一参与跟人凭借智慧的恩赐管理其它被造物有关（9：2）；同时跟智慧相关的还有正义，正义也是"不死不灭的"（1：15）。那么，神圣的形象便不仅意味着分享上帝的智慧与正义，还意味着与上帝的永生相契通。[83]潘能伯格在《人是什么？》（1962）中曾经论述到："从死里复活的盼望自觉地利用了这一使命，表徵了每一个人之为人的存在，作为超越死亡的敞开性。"[84]

其次，与上帝契通作为人类的使命具有普世而终末的特性。潘能伯格论述到："在保罗关于作为上帝的形象基督以及所有其他人都必须转变为这一形象的论述中，关于神圣形象的基督教教义必须被视作是对我们的神圣样式之一般使命（general destiny）的阐释。但是这样做时并不可以取消如下两者的差异——一方面是在耶稣基督身上以及通过他而实现的我们的神圣样式，另一方面是《旧约》中关于亚当的神圣样式的宣告。若取消了这一差异，将会忽视作为被创造物的我们的使命是通过耶稣基督而实现的这一要点。"[85]人类虽不是形象本身，而是照着形象所造，但是人类与真正的形象本身耶稣基督这一具有终末性的新人或第二亚当相关。耶稣基督将人类带入了与上帝相交的关系之中，从而实现了人类作为神圣形象的使命和最终目标，这一目标不是如赫尔德所言是通过人类自身的努力比如文化而实现的，也不单是人的道德提升与完善。换言之，恰恰是耶稣基督作为终末预表已然成就并实现了与上帝相交的这一人类使命，人类的文化和个人的道德完善才成为可能。人类的最终使命已经在耶稣基督身上预先显现出来，其中信徒已经分享到圣灵的能力，这业已影响到了新造之人的终末现实。换言之，我们必须将当下的生活，尤其是我们的人格（personality），放到这一朝向将来的使命的视角下来理解。我们的使命与作为终末之预表的耶稣基督的使命相关，因而这一朝向将来的人类使命便在当下显现自身。前文所述，形象意味着参与上帝的永生，依赖于与上帝的这一关联性本身在与上帝的相交中具有其内在的目的（telos）。与上帝相交不仅是每一个体的使命，还是人类整体的使命。潘能伯格论述到这一使命不是一孤立的事件，它的目标是将人类整体融入上帝之国。因而，与上帝相交的这一共通使命便是

---

83 Pannenberg,《系统神学》卷二. p.219.

84 What is Man? p.53.

85 Pannenberg,《系统神学》卷二. p,210.

构成人与人之间的关系的基础。潘能伯格的结论是："只有在与上帝的关系中，为此在我们使命的终末式之将来中，我们道德的自决（self-determination）或伦理之自律（ethical autonomy）才能找到一个坚实而牢靠的基础。"[86]这一论断主要针对的是启蒙运动中自律的道德主体而言，潘能伯格认为道德主体的自决与自律其前提条件在于人与上帝相交的关系。?

在《系统神学》中，潘能伯格处理神学问题的一个主要进路是关注于上帝之观念以及三一上帝的关系，并以这一主题来处理教义学的其它主题。所以就人论这一部分，他是将其前期的基本神学人论的论述重新放入三一上帝之观念的审视与检验之下，以作为人类使命的上帝的形象，关联于其前期人之外在中心性或向世界敞开性的生存状态。就人不可避免地是宗教性的与《圣经》中所启示出的人与上帝之关系，或曰面对人们关于其前期基本神学人论中在对人的宗教性进行考察中关于有位格的上帝之阙如这一批判，在《系统神学》中潘能伯格作出了如下回应："首先，在寻求对人之实在性的适当理解中，宗教并非可有可无的，它并非一个过往时代的残余，而是构成了我们作为人的存在。其次，……我们有充分的理由相信《圣经》中的上帝就是以其它方式隐匿在世界与人类生活的不可测度之深层的上帝之实在性的确真的启示。"[87]第一个论述是潘能伯格在其前期的基本神学人论中所要完成的任务，第二个论述则是潘能伯格在其三卷《系统神学》中所要完成的任务。就人论这一部分而言，他试图证明在人之自然而本源的[88]向世界敞开性这一生存状态与在人与上帝相契通的使命中这一敞开性的实现之间存在着内在的关联。潘能伯格通过"向世界敞开性"（或外在中心性）与"上帝的形象"这两个概念将前后期的基本神学人论与教义学人论联系起来，实现了自下与自上或低阶与高阶（from below and from above）地对人之为何以及人与上帝之关系的双向互动考察。

在基本神学人论中，潘能伯格认为人的基本生存结构是外在中心性与自我封闭性之间的张力，他做了如下的论述："现在，这一对立可以被描述为人之存在结构中基本要素之间的冲突，表现在人的封闭结构与外在中心性之间的张力"。[89]其中，外在中心性最终指向的是人类生活的宗教维度。在教义

---

86 Pannenberg,《系统神学》卷二. p.224.

87 Ibid, p.225.

88 向世界敞开性或曰"世界现象"先行于人的对象化认识。

89 Wolfhart Pannenberg. *Anthropology in Theological Perspective*《神学视角下的人类学》.Trans. Mattew J. O'Connell. Edinburgh: T. & T. Clark. 1985.p.84.

学人论中，潘能伯格宣称上帝的形象（imago Dei）——作为人的外在中心性的使命——就是人与上帝相契通（fellowship）。这一终末使命——其终末性表现在作为上帝的形象的人融入上帝的永恒之中，以及人类整体融入上帝之国——已经预先在耶稣基督的历史中启示出来，但是人之自然而本源的外在中心性或向世界敞开性也已经局部地显明了这一使命。基于此，潘能伯格对巴特将上帝的形象解释为主要通过男性和女性的性别差异与关系所表现出来的人类的共同性（co-humanity）予以批判。首先，按照巴特的解释，与上帝相契通作为神圣的目的，这一目的只是外在于人的被造之实在中，并且人之被造实在并不自然地就以上帝为导向。其次，与上帝相契通作为人之本性并不在于宗教之中，而是在于相对中性的人类之共同性之中，这一共通性取代了我们的宗教决断（religious determination）。[90]为了克服巴特的弊病，潘能伯格在基本的人类学关联性与相应的上帝的形象的教义之间展开了系统性的联系。其中基本的人类学关联性就是人的外在中心性的本性（exocentric nature），上帝的形象就是人的外在中心性的使命（exocentric destiny）。潘能伯格宣称上帝的形象不是人类在起初便居有的，而是通过奠基于将来的人类的使命来完成。故而，潘能伯格教义学人论的两大基本特色在于：第一，通过上帝的形象这一核心概念融构了基本神学人论。上帝的形象的最终实现便是人与上帝相契通，这一契通性在人的基本生存要素——向世界敞开性或外在中心性中获得了表达；换言之，向世界敞开性或外在中心性构成了人与上帝相契通的一个环节，这一环节的根据便在于人是上帝的形象。第二，上帝的形象的实现不是在起初，而是在人类历史的终末，这一终末历史在耶稣基督的历史中已经预先显明。人类始祖亚当尚未完成的历史使命，在耶稣基督身上已然完成，故而，上帝的形象不仅与创造论相联系，还与基督论和终末论相联系，这是潘能伯格神学人论相对于其他神学家的一个独特性。

## 三、人的苦难：罪与自我中心性

在教义学人论关于人的苦难这一部分，潘能伯格主要围绕着人的罪与原罪展开讨论，具体而言主要处理了三个问题：第一，基督教人论中关于罪的教义在现代社会和文化处境中所面临的困境；第二，罪的本质和根源，这一部分将基本神学人论中关于人之外在中心性与自我中心性之间的结构性张力

90 Pannenberg,《系统神学》卷二. p.226.

带入人的使命（Bestimmung）与三一上帝之关系的传统教义学命题下予以考察；第三，罪的普遍性（Universality of sin）问题。

关于人之罪性的主题，潘能伯格如此坦言："在今天对我们而言，基督教人论中没有其它主题比罪以及我们我们对它的研究进路更加晦涩不明的了。"[91]究其原因主要有如下两点。首先，原罪（original sin）的教义本身便问题众多，尤其是这一教义在十八世纪基督教新教神学中难以立足。早在十六世纪，索齐尼斯派（Socinianism）[92]就宣称原罪的教义并非来自《圣经》，并且因为它违背了人类的情感而将其抛弃。他们的理由是上帝将亚当的罪转嫁于他的后代甚至是在他们尚未亲自做下任何邪恶的行为之前，这一点是违背道德原则的。因为道德原则坚持的是每一个人都只是对其自身所做的行为或其自身所应允的行为负责，而不是对别人的行为，尤其是其祖先的行为负责，因为后人不可能对祖先的行为之发生有任何可能的影响。到了十八世纪，新教神学无论是路德宗还是改革宗都难以逃脱这一劫难的压力。同时，原罪思想的《圣经》依据，尤其是对《罗马书》五章 12 节的解释也倍受怀疑。[93] 其次，基督教新教中的虔敬精神极端强调人对罪的承认是获得救赎的前提之一。当原罪的教义受到诟病时，这一复古的虔敬精神便被指责为它所带来的仅是虚假的负罪感（guilt of feelings）。

基于以上两种情形，19 世纪新教神学家试图将关于"罪"的这一教义限定于罪的"行为"（acts）上。但是，这样便不能继续坚守罪的普遍性这一原则。还有一些人尤其是基督中心论者宣称基督教关于罪和原罪的教义仅仅关乎信仰，只要凭借信仰的目光便可以发现罪的事实，这并不需要人之实在的支撑。[94]潘能伯格认为这一看法忽视了如下的事实——尽管对罪之深度的意识需要凭借耶稣基督所启示出的关于上帝的知识，但是基督教信仰仍然不是创

---

91　Pannenberg,《系统神学》卷二. p.231.

92　索齐尼斯派（Sicilians）：16 世纪意大利神学家索齐尼斯（Faustus Socinus，1539-1604）所创的教义，其主旨否认耶稣的神性和人类的原罪，而以唯理论来解释罪恶和得救。

93　《罗马书》五章 12 节：这就如罪从一人入了世界，死又是从罪来的，于是死就临到众人，因为众人都犯了罪。

94　在《系统神学》卷二中潘能伯格认为这一观点以 G. Schneider-Flume 为代表，*Die Identität des Sünders*《罪人的身份》（Göttingen: Vandenhoeck & Ruprecht，1985）。在《神学视角下的人类学》一书中，这一观点的代表人物潘能伯格主要列举了卡尔·巴特，并对其予以反驳，第 92-93 页。

造罪的事实而只是预设了它。潘能伯格认为面对以上纷繁复杂的情况，试图重新赢得基督教传统关于罪的核心内容的可信性是异常困难的，除非我们将其奠基于人类的生存结构或"人类生活的整体现象"，否则基督教难逃19世纪德国哲学家尼采及其追随者的批评——就罪与原罪的主题而言，基督教是对人类生命的诽谤和诋毁。潘能伯格论述到："如果基督教宣称人人都是罪人，这对于生命是真实的话，那么当且仅当它关乎标划了人类生活的整体现象的某物，并且即使在没有上帝的启示的应许下也为人所知，尽管这一启示对于清晰地洞见其真实意义来说是必不可少的。"[95]关乎标划了人类生活的整体现象的某物，以及在没有上帝的启示的应许下也为人所知，这是潘能伯格对于基督教关于罪的主题在今天重新获得可信度和有效性所提出的标准，这与其在基本神学人论中的进路也是一致的。

那么基督教所谓的罪究竟如何关乎标划了人类生活的整体现象的某物，这促使潘能伯格转入下一个主题：罪的本质和依据是什么？基督教所言的人类的普遍的罪是否有其生存论结构上的依据？潘能伯格首先追溯了希波主教奥古斯丁对于罪的分析。依据保罗神学传统，奥古斯丁将罪与贪爱（cupititas,concupiscentia/concupiscence）联系起来[96]：一方面，贪爱本身就是罪，是人类其它罪的根源；另一方面，贪爱作为一种惩罚，是罪的产物。奥古斯丁的这一看法引起了拉丁经院主义神学家和改革神学家的争论。潘能伯格认为既不能像拉丁经院主义神学家那样在罪与贪爱之间作出决然的区分，仅把贪爱视作罪的一个质料要素（materiale peccati/material element）；也不能像改革神学家那样把罪和贪爱就等同起来。任何偏执一方的看法都没有公允地对待奥古斯丁的思想。对于同一个概念"贪爱"，奥古斯丁有着不同的用法，其原因在于他对贪爱的心理学分析。当奥古斯丁说到贪爱本身就是罪时，那是因为贪爱代表了一种倒错了的爱的形式或意志的形式。这一倒错的意志（perversa voluntas/perverse will）扭曲了宇宙的秩序，[97]因为它欲求（desire）[98]并满足于

---

95 Pannenberg,《系统神学》卷二. p.236.

96 在奥古斯丁看来贪爱（CupititasCconcupiscentia）就是以有限的、被创造之物为爱的对象。跟贪爱相对的是与以无限的上帝为爱的对象的纯爱（Caritas）。

97 奥古斯丁的秩序论受到柏拉图哲学的影响，认为上帝创造宇宙万物，一切存在者都处于一种存在秩序或序列之中，其中一些存在者在本质上高于另外一些存在者，比如灵魂高于肉体，永恒之物高于易逝之物。

98 奥古斯丁的爱观一方面受到柏拉图哲学的影响，将爱看成一种欲求，又将欲求的目的看成幸福；但是另一方面他又在真正的爱与欲求之间作出了区分，认为只有

存在于被造之物中的低一级的善而抛弃了至善——上帝。这一倒错从人类心理学上讲在于手段和目的的倒错，它将自我（the self）居于世界的中心和目的，其它一切都是作为手段——这便是奥古斯丁所言的自爱（amor sui/ self-love）或骄傲（superbia/self-esteem, pride）。自爱意味着将自我视作宇宙万物的本源和目的，自我想成为上帝，这从根本上意味着对上帝的仇恨。[99]

潘能伯格认为奥古斯丁在柏拉图立场上的关于宇宙秩序的等级论在今天看来虽然并不可取，但是这并非他对罪进行分析的核心所在。他认为奥古斯丁对罪的心理学分析的价值主要有如下两点：第一，奥古斯丁以人的心理状态或生存结构作为立论的起点，这贴近于人的生存经验，并且具有着普遍性和心理学上的有效性。即使有人可以否认基督教关于原罪与罪的教义，但是他不能否认贪爱与自爱这一生存现象。贪爱或者在人与世界关系中目的与手段的倒错结构，这也可以按照当代哲学人类学的术语被表达为人的自我中心性胜过外在中心性，暗示出了人与上帝的疏离。人与世界以及自我关系的扭曲并非始于一种人要梳理于上帝的意识。相反，人与上帝的梳理以一种模糊的方式发生，甚至在相当长的时间内，人尚未意识到，而仅是含蓄地表现于人和世界以及自我关系的扭曲之中。第二，奥古斯丁在人之欲望的一般结构中发现罪的本质是人与上帝的敌对。潘能伯格论述到："奥古斯丁关于贪爱与不恰当的自爱或骄傲（amor sui ,superbia）之关系的论述是对现象之结构的哲学分析。在这一过程之中，奥古斯丁能够在欲望的一般结构中发现人与上帝的敌对，而非如保罗所言的那样欲望与律法的敌对。"[100]

奥古斯丁在对罪之本质定位时更为强调的是对于宇宙秩序的扭曲，而非自我关系的失败。在古希腊罗马哲学中，对人的理解被置入宇宙秩序的背景下，人作为其中不可分割的必要组成部分。但是在西方近代哲学中，前一种解释图景逐渐被人之主体性结构的解释图景所取代，人被理解为自我意识（self-conscious），于是，就罪的人类学结构（anthropological structure）而言，

---

以上帝为对象的纯爱（Caritas）才是真正的爱，其它一切以有限的被造之物为对象的贪爱（Cupititas）都不是真正的爱，而只是欲求，*On Trinity*, 8,9,10,13.

99 在《神学视角下的人类学》和《系统神学》卷二中，潘能伯格对奥古斯丁罪论的概括基本一致，我们在此的叙述是将两本书中的观点予以综合。参见《神学视角下的人类学》，第87-96页，《系统神学》卷二，第241-245页。

100 Wolfhart Pannenberg. *SystematicTheology*,vol.2 [M]. trans. Geoffrey W. Bromiley. Edinburgs: T & T Clark, 1994.245.

其中人与其自身的敌对成为核心主题。换言之，罪被理解为自我关系的一种失败。潘能伯格追溯了康德、黑格尔和基尔克果对这一问题的处理，最后认为基尔克果的进路尤为可取，是对奥古斯丁关于罪的心理学分析的深化。

在《致死的疾病》（1849）之开篇，基尔克果将主体性（subjectivity）描述为一个关系——这种关系使自己与自己发生关系。人是一种综合，有限性与无限性的综合。[101] 作为人，"我"就处于有限性与无限性的关系之中。凭借自身，"我"无法获得和谐与安宁，因为"我"无法将自我统一体奠基于自我意识之中。换言之，凭借自身，"我"无法获得自己的同一性（identity）。这是由于"我"的存在，作为与无限性的一种关系，是由无限性所置定的。按照这种方式，基尔克果沿袭奥古斯丁的思路，将罪理解为被造之人的本性结构的一种扭曲，并且这一结构性的扭曲是非道德范畴的（amoral）。但是，这一扭曲形式与奥古斯丁所言的并不相同。基尔克果认为基于有限性的自我实现（self-fulfillment）是对无限性所置定的跟自我相关的基本关系的扭曲。伴随着人之有限性的罪构成了恐惧（Angst, anxiety）的本质，后者关切的是人自身的能力。潘能伯格认为在作为结构性扭曲的罪中，基尔克果所言的恐惧与奥古斯丁所言的贪爱（cupititas, concupiscentia）有着基本相同的意义。正如后者是贪婪、嫉妒、仇恨等这些具体的罪的根源，恐惧也是绝望、忧虑与侵略的来源。甚至说，恐惧可被视作是一种过度的自爱（amor sui）的表达，是贪爱之所以出现的一种可能性的理由。人存在着自然的需要和欲求。但是过度的欲求可能是基于对自身能力的恐惧，后者试图通过占有我们所欲求的对象来肯定自我。[102]

另一方面，基尔克果认为与罪相对的一极是信仰。潘能伯格认为从某种程度上说这为改革神学家所言的罪的根源在于"不信"（unbelief）提供了证据。但是，潘能伯格所言的"不信"与改革神学家所言的"不信"两者的内涵不同。在潘能伯格看来，"不信"首先是一种普遍的人类学现象，只有在与上帝在历史中的启示相遇的条件下才可以成为改革神学家所言的与信仰相对的、作为罪之根源的"不信"。恐惧是人之生存的一种自然状态，与此相对的另一种状态是信心。在恐惧的生存状态下，人拒绝把生命作为一种恩赐

101 基尔克果. 概念恐惧·致死的疾病 [M]. 京不特译.上海：三联书店，2004. 256.
102 Wolfhart Pannenberg. *Systematic Theology*, vol.2 [M]. trans. Geoffrey W. Bromiley. Edinburgs: T & T Clark, 1994.250.

而接受下来，对于未来缺少信心。结合在基本神学人论中对基本信赖（basic trust）的分析——所谓的基本信赖就是人天生具有一种去信赖、把自己托付出去的倾向——这为信心的生存状态提供了基础。当我们发现人们缺少这种信心时，便将"不信"描述为一种基本的、普遍的人类学现象。但是，在此信任或信心尚不是归转向《圣经》中的上帝意义上的信仰，因为信仰只有在上帝的历史启示的基础上才有可能发生。作为普遍的人类学现象的"不信"，表明的是人类实现自身使命的失败，这被称作罪。潘能伯格再次声称罪并非在于人渴望成为上帝的赤裸的骄傲之中，相反，这一骄傲隐藏在人们的欲望与恐惧之中。关于表现出了人之生存结构之扭曲的欲望、恐惧与不信的关系，潘能伯格如此论述："我们确实在遭受着一种在恐惧、肆虐的欲望与攻击的生命中的后果，但是只有在与上帝的历史启示相遇时，我们才可以说这一生命的非自然样式就是敌挡上帝的罪，这时才可以把不信界定为罪的根源。"

综上所述，潘能伯格通过对奥古斯丁、基尔克果关于罪的根源以及表现形式的分析，揭示出罪的本质在于人之自我与自身、与世界的关系的失败。换言之，用潘能伯格自己的术语来表示就是人类实现自身使命的失败。Kam Ming Wong 在《潘能伯格关于人类的使命》（2008）一书中，将潘能伯格关于罪的本质界定为对人类使命的消极或对这一使命的虚弱。[103] 作为罪的普遍性便在于它的结构之普遍，即罪首先不是道德范畴的，而是生存结构的扭曲。

---

103 Kam Ming Wong. Wolfhart Pannenberg on Human Destiny [M]. Ashgate Publishing Company, 2008. 107-119.

# 第三章、基督论：历史—人类学视域下的耶稣其人及其神性以及三一论视域下的耶稣其人及其神性

## 第一节、自下而上的基督论：耶稣的历史（Geschichte）与天命（Geschick）

### 一、基督论的出发点与自下而上的（from below）方法论

#### 1、"历史的耶稣"与"被传扬的基督"

盛行于 19 世纪中后期新教自由主义中的的那一场"历史耶稣的追寻"（或曰"返回耶稣"）（quest for the historical Jesus）的运动在另一场深具 20 世纪上半叶欧洲大陆哲学和神学特色的传言神学（Kerygma theologie /Kerygmatic Theology）运动的背景下悄然落幕，后一场运动的主要倡导者是德国神学家布尔特曼。但是，传言神学在处理历史的耶稣（historical Jesus）与被传扬的基督（kerygmatic Christ）之关系上仍有着让人难以忽视的问题：它应当如何表明传言（kerygma）不是原始基督教教会的一种宗教产物，而是坚实地奠基于拿撒勒的耶稣的历史之上的？它应当如何表明基督教信仰不是基于神话，而是基于历史事实？一些神学家认为基督教信仰应当基于耶稣其

人及其教导之上，而非诚如传言神学所言仅仅基于原始基督教教会的信仰与宣告上。基于此种关切，以艾柏林（Gerhard Ebeling, 1912-2001 ）为代表的布尔特曼后学（Post-Bultmannians）开始了对于历史的耶稣的重新探讨，但是这一探讨在神学预设、方法论与研究动机上与 19 世纪末 20 世纪初的那一场运动迥然不同。[1]在 20 世纪后半叶，就寻求历史上的耶稣以及在处理基督论问题上坚持耶稣之历史优先性原则的代表人物无疑是潘能伯格，他在这方面的扛鼎之作是成书于 60 年代的《基督论的基本特征》（Grundzüg der Christologie,1964）。这本书于 1968 年被翻译成英语，其名为《耶稣——上帝与人》（Jesus——God and Man），虽然这一译名并不十分恰当——因为不能如实反映潘能伯格在书中旨在探讨基督论的根基或基础问题的初衷——但是该书并不因其译名的不当而被掩其锋芒，它在德语、英语神学界被一致公认为20 世纪处理基督论问题的代表性作品之一。[2]

在介绍《基督论的基本特征》中的观点之前，我们先简要回顾一下潘能伯格在两篇短作<救赎事件与历史>（1959）、《作为历史的启示》（1961）中的观点。因为这三部作品都是潘能伯格 60 年代左右的作品，在神学进路、问题关切与方法论上有着一脉相承之处。在<救赎事件与历史>中，潘能伯格旨在批判巴特神学与布尔特曼神学中的非历史化倾向，并提出自己的主张——坚持批判的历史研究的方法论原则以及救赎事件的历史品性，同时宣称救赎历史与人类的普遍历史之间没有决然的区别，乃是同一的（？）。[3]在《作为历史的启示》一书中，潘能伯格宣称普遍历史是上帝间接的自我启示与自我揭露，普遍历史的可能性与可知性在于普遍历史之终末在耶稣基督的历史（Geschichte）与天命（Geschick）中的预先实现。[4]由此可见，潘能伯格是在启示神学与历史神学的背景下来建构他的基督论。换言之，探究耶稣基督的身份以及耶稣与上帝的关系问题的基督论与上帝在人类普遍历史中的自我启示有着必然的联系，这预示了潘能伯格在《基督论的基本特征》中自下而上的、历史批判研究的基督论进路。

---

1  Raymond E. Brown. After Bultmann, What?-An Introduction to the Post-Bultmannians [J]. Catholic Biblical Quarterly 26 (1964). 1-30.

2  《现代神学家》[G], 福特编, 董江阳、陈佐人译, 道风书社, 2005.179.

3  Wolfhart Pannenberg "Redemptive Event and History. *Basic Question in Theology,* vol. I. Trans. George H. Kehm. Philadelphia: Fortress. 1970.

4  Wolfhart Pannenberg. Revelation as History *[M].* trans. David Granskou. New York: Macmillan, 1968.

　　诚如潘能伯格在《基督论的基本特征》的开篇揭示基督论的任务时所言：
"基督论所关切的不仅在于展现基督教团契关于基督的信仰宣告
（confession），而是首先在于将其奠基于以往的耶稣的活动和天命中……基督
论必须要探究并显明在何种程度上耶稣的历史塑造了人们对其信仰的根基。
耶稣的历史除了在显明他自身就是上帝的启示之外，何以被认为应当证实人
们对他的信仰？只有当启示性的特质不是附加于这些事件之上，而是这些事
件本身所固有的，这时事件才能够塑造信仰的根基。基督论所要显明的就是
这些内容。"[5]在此，所谓耶稣的活动，潘能伯格是指耶稣的传道、教导以及
医治的各种事工；耶稣的天命是指耶稣被钉十字架和复活。与传言神学的进
路不同，潘能伯格认为探究传言背后的耶稣的历史对于基督论而言不仅是合
理的和可能的，而且首先还是必须的神学进路。他的理由如下：第一，探究
历史的耶稣旨在确立基督教信仰的根基。潘能伯格出于跟艾柏林相似的原因
来反对布尔特曼，布尔特曼将信仰奠基于传言之上，其中的缺陷在于人们不
能对其予以公开的检验，并且若非将传言建立在历史的耶稣的基础上，传言
便只能是信仰的产物而非相反。尽管与此同时，历史的耶稣究竟如何成为传
言和信仰的基础，这仍是一个值得探讨的问题。其次，探究历史的耶稣能够
确立起将《新约》见证综合起来的统一性。潘能伯格论述："《圣经》的统
一性不能在对《新约》见证的比较中被把握；它仅存在于它们所指涉的那一
位耶稣身上，因而，只有当人们关注于使徒的传言背后的东西时，它才可以
被辨认出来。"[6]第三，探究历史的耶稣的必要性在于将当代基督徒的宗教经
验与复活的基督联合起来，因为人们关于耶稣作为复活的主的认识预设了复
活的基督与尘世的耶稣的同一性。潘能伯格宣称："只有基于过去的历史，
而非当下的宗教经验，我们才能够知道耶稣就是至高的主……今天，没有人
有关于耶稣作为至高者、复活者的经验，至少没有一种能够确定地将其与幻
想相区别的经验……与阿尔特豪斯（Althaus）相反，我们必须宣称信仰首先
与耶稣过去是什么相关。只有基于此，我们才可以知道他对于今天的我们来
说是什么以及在今天关于耶稣的宣告如何之所以可能。"[7]这三条理由都一致

5　Wolfhart Pannenberg. Jesus——God and Man [M]. trans.Lewis L. Wilkings and Duane
　　A. Priebe.Philadelphia: Westminster Press, 1968.28-30.
6　Wolfhart Pannenberg. Jesus——God and Man [M]. trans.Lewis L. Wilkings and Duane
　　A. Priebe.Philadelphia: Westminster Press, 1968.24-25.
7　Wolfhart Pannenberg. Jesus——God and Man [M]. trans.Lewis L. Wilkings and Duane

表明了潘能伯格不满意于布尔特曼传言神学中从人的主观的宗教经验尤其是个人作出信心的回应出发的基督论，而要寻求上帝在历史中客观的启示，即耶稣基督的历史与天命。

## 2、基督论的方法论

以耶稣的历史与天命作为基督论的出发点，这背后牵涉的是潘能伯格独特的关于基督论的方法论进路。他区分了自上而下的（from above）基督论和自下而上的（from below）的基督论。所谓自上而下的基督论就是从耶稣的神性出发，其讨论的核心是道成肉身（incarnation）。这一进路肇始于安提阿的伊格内修斯（Ignatius of Antioch，67-110）以及公元二世纪的护教家，后来经过亚历山大里亚的亚大纳西（Athanasius of Alexandria, 298-373）[8]的发展而成为古代教会在处理基督论时的主导思想。这一进路在当代的主要代表人物有瑞士神学家卡尔·巴特。巴特探讨了道成肉身的"历史"：上帝的儿子成为与他相异的那一位、降卑成人，将自身与耶稣其人统一（CD, IV/1，§59）。[9]巴特还将十七世纪新教神学中相区分的两条教义重新结合起来：耶稣基督的神人二性与道成肉身的圣子的降卑与升高。潘能伯格认为巴特通过将这两个传统主题的重新结合，从而更加接近于诺斯替教的救世主神话：救世主从天堂降下，然后重归天堂。潘能伯格认为自下而上的基督论的基本特征是预设了三位一体教义以及耶稣的神性，并且它们的提问方式是追问三位一体中的第二位格（逻各斯）如何具有了人的属性。但是，潘能伯格认为这一进路并不合理，其原因如下：首先，自上而下的基督论预设了耶稣的神性，但是它却忽视了基督论的首要任务是对人们认信耶稣的神性的理由进行说明与澄清。潘能伯格认为我们首先要追问的是耶稣的历史如何引导人们对其神性的认信或宣告，而非对其神性进行预设。其次，自上而下的基督论从逻各斯的神性出发忽视了历史上的拿撒勒的耶稣其人身上的独特的、限定性的要素与意义，其中包括他与当时的巴勒斯坦地区的犹太教以及《旧约》的关系。这些关系对于理解耶稣的生平和信息来说是至关重要和基本性的。第三，这一点与人们自身理解的视角有关，自上而下的基督论预设了人们能够以上帝的视

---

A. Priebe.Philadelphia: Westminster Press, 1968.28.

8　亚历山大利亚的亚大纳西：埃及亚历山大城的主教，东方教父之一。著有著《圣安东尼传》和《道成肉身》。

9　Karl Bart. *Church Dogmatics* [M]. ed. G.W.Bromiley and T.F.Torrance. Edinburgh: T. & T.Clark, 1936-1962.

角来理解道成肉身。但是，事实上人们只能在由历史所决定的人类处境的背景下来理解，这是人类自身理解的界限。因而，潘能伯格认为基督论的出发点只能是耶稣的人性，只有以这种方式我们才能进而追问耶稣的神性。这一进路便是自下而上的基督论，从耶稣的历史实在出发，来确立耶稣的神性。它始于耶稣传讲的信息和天命，与自上而下的基督论相反，道成肉身只能是作为结论被被得出。[10]

如果说自上而下的基督论是古代教会处理基督论问题的主导进路，那么基督论的救恩论进路（Soteriogical approach to Christology）则是现代基督论的特色，即以耶稣救赎人类的重要性或意义作为基督论的根基。所谓的救恩论，是探讨基督的工作以及基督救赎的意义。耶稣基督的神人二性与他的救恩事工在中世纪经院神学以及 16、17 世纪的新教神学中都是分别对待的。但是，德国神学家施莱尔马赫（Friedrich Schleiermacher, 1768-1843）将它们视作同样的事情来处理，并且他的基督论是借助于救恩经验来建构的。[11]自此之后，基督论与救恩论之间的亲缘关系在神学界获得了一致的认可。在施莱尔马赫之前，启蒙运动的代表人物康德就将耶稣基督视作"道德完善的典型"；自由主义神学家利奇尔将耶稣基督视作"上帝之国在人世间的创建者"。20 世纪初追随布尔特曼的神学家戈加藤从"我"（I）与"你"（Thou）的关系的角度来建立基督论；存在主义神学家蒂利希则明确宣称"基督论是救恩论的功能之一"。潘能伯格认为出于救恩论的关切或兴趣来建构基督论是非常危险的，因为这易于变为人类自身对于救赎期望的一种基督论投射，比如出于绝对的信赖、完善的道德或纯全的人格等的人类学关切。潘能伯格承认基督论与救恩论之间是不可分割的，因为救赎关切或曰对救恩论的兴趣是促使我们追问耶稣基督的身份问题（即基督论）的动力之一，但是它并非基督论的"原理"（Prinzip）。潘能伯格宣称："只有当意义是耶稣自身与他的历史以及由这一历史所构成的他的位格所内在固有的，这时耶稣才具有'为我们的'（for us）意义。只有当这一切被显明时，我们才可以确信我们不仅仅是把我们的问题、意愿与思想附加于他的形象之上。因而，基督论——追问耶稣其人、他的位格以及提比略（Tiberius）皇帝在世时他的生活等问题——必须优先于关

---

10 Wolfhart Pannenberg. Jesus——God and Man [M]. trans.Lewis L. Wilkings and Duane A. Priebe.Philadelphia: Westminster Press, 1968.33-35.

11 Friedrich Schleiermacher. The Christian Faith [M]. edit. H.R. Mackintosh and J.S. Srewart. Philadelphia: Fotress Press, 1928.§92.

于耶稣的意义的一切问题，必须优先于救恩论。救恩论必须衍生自基督论，而非相反。否则，我们关于救恩的信仰本身便没有任何真实的根基。"[12]

概言之，潘能伯格将耶稣基督的历史与天命确定为基督论的出发点，透过传言的背后探究耶稣的历史实在。基督论要坚持自下而上的进路，从耶稣的人性出发，进而确立耶稣作为上帝儿子的神性。救恩关切是鼓舞人们进行基督论探究的动力之一，救恩论与基督论是不可分割的；但是探究耶稣之身份问题的基督论要优先于所有的救恩关切以及耶稣为我们的意义。基督论必须追问人们对于耶稣之神性的信仰与信仰宣告深层的根基与依据，而非独断地对其神性进行预设。

## 二、基督论的根基：复活的神学意义及其历史实在性

### 1、耶稣与上帝统一的根基：耶稣的主权宣告还是复活？

潘能伯格坚持自下而上的基督论进路，不是首先预设耶稣之神性，而是以耶稣基督的历史实在为出发点，对人们认信耶稣之神性的信仰宣告之理由进行说明与澄清。在解决完基督论的任务与方法论之后，他转入了对自下而上基督论的构建，这里面临的首要问题是探究耶稣与上帝的统一。潘能伯格宣告："尽管基督论必须始于耶稣其人，但是它所处理的首要问题却是耶稣与上帝的统一（unity with God）。对他与上帝的关系避而不谈的任何关于耶稣的陈述必将是对其历史实在的巨大误读。在历史耶稣追寻的高潮时期关于耶稣的现代陈述为这一点提供了充足的例证……关于耶稣的基督论问题的具体要素并非始于耶稣的行为、话语或对人们的影响力等初级方面，而是始于他与上帝的关系，这表现在耶稣在世的活动整体。关于耶稣的事工、信息以及他的天命的个别要素将会在这一背景下被评估。"[13]由此可见，探究耶稣的历史实在必须追问耶稣与上帝的关系，否则诚如 19 世纪那场深具实证主义风格的"历史耶稣的追寻"（或曰"返回耶稣"）运动那样——这一运动试图仅仅从历史事实中引出作为历史人物的耶稣，剔除一切关于耶稣的神话的、神学的以及形而上学的论断，寻求关于历史上的耶稣的"事实"——潘能伯格认为这无疑是对耶稣之历史实在的巨大误读。因为，耶稣的历史既

---

12 Wolfhart Pannenberg. Jesus——God and Man [M]. trans.Lewis L. Wilkings and Duane A. Priebe. Philadelphia: Westminster Press, 1968.48.

13 Wolfhart Pannenberg. Jesus——God and Man [M]. trans.Lewis L. Wilkings and Duane A. Priebe. Philadelphia: Westminster Press, 1968. 36.

非超历史的（super historical），亦非反历史的（ahistorical），而本身就是人类普遍历史的一部分，并且是普遍历史终末的预表（prolepsis）。在人类普遍历史中，并不存在着绝对的天然事实，而总是事实与意义的交织。因而，被传扬为上帝的儿子的基督并非对拿撒勒人耶稣之历史的遮蔽或扭曲，而本身就是耶稣之历史的必要环节。那么，历史学家便不可能剥离出一段关于耶稣的纯粹的历史事实。[14]潘能伯格同意德国神学家凯士曼（Ernst Käsemann, 1906-1998）在《关于历史的耶稣的问题》（Das Problem des historischen Jesus）的演讲中的观点。凯士曼认为被传扬的基督与历史的耶稣之间是有一脉相承之处的，前者可以从后者中被辨认出来，并且被传扬的基督是以拿撒勒人耶稣的历史为根基的。十九世纪"历史的耶稣的追寻"运动试图撇开被传扬的基督，按照客观的历史研究方法来重新架构耶稣的历史生平，这是不合理和不可能的。[15]

那么，究竟从哪里我们可以知道耶稣与上帝的关系，耶稣的历史实在性究竟意味着什么呢？潘能伯格认为在 20 世纪从历史的耶稣开始的自下而上的基督论构建中，神学家通常是倾向于以耶稣在复活之前的传道和事工中关于主权的宣告（claim to authority）来证明耶稣与上帝的统一关系，这方面的代表有埃勒特（Werner Elert, 1885-1954）、阿尔特豪斯（Paul Althaus, 1883-1966）、布伦纳（Emil Brunner, 1989-1966）、戈加腾、迪姆（Hermann Diem, 1900-1975）等[16]。这一主权宣告究竟直接地体现在耶稣与弥赛亚称号的自我认同上——即耶稣关于上帝的儿子身份（Sonship of God）的自我意识，还是间接地体现在耶稣关于上帝之国的传道和事工中，在这一点上他们的观点不尽相同，并且他们在耶稣的主权宣告与使徒见证之关系上也存在着分歧。但是，他们的一致之处在于将基督论自下而上地奠基于耶稣在复活之前的主权宣告之绝对（absoluteness）上。阿尔特豪斯声称："耶稣所宣告的主权预设了其他任何

---

14 潘能伯格关于历史的概念与内涵，请参见前面第二章《启示、历史与终末》中的"历史之内涵：普遍历史与传统的历史"。

15 Ernst Käsemann. Exegetische Versuche und Bestinnungen I [M]. Göttingen, 1960. 187-214.

16 埃勒特（Werner Elert, 1885-1954）：德国信义宗神学家、历史哲学家。著有《基督教信仰》（Der christliche Glaube, 1940）、《基督教伦理道德》（Das christliche Ethos, 1949）等。阿尔特豪斯（Paul Althaus, 1883-1966）：德国信义宗神学家。著有《马丁·路德神学》（Die Theologie Martin Luthers, 1962 ）、《基督教真理》（Die christliche Wahrheit,1969）等。

人都不具备的他与上帝的相近程度以及他与上帝的亲密关系。"[17]迪姆则认为"耶稣的历史就是宣告他自己的历史。"[18]耶稣在复活之前的主权宣告是 20 世纪中叶自下而上地建立耶稣与上帝的统一关系的路径，也是这一时期兴起的对"历史耶稣的新追寻"运动的核心主题——这一运动肇始于德国神学家凯士曼在 1953 年 10 月所作的《关于历史的耶稣的问题》的演讲。

然而，潘能伯格认为耶稣关于主权的宣告并不能保证人们对其信仰的合理，因为这一宣告并非自我确证的（self-authenticating），而是需要历史终末的证实（vindication）。耶稣对自身与上帝的独特统一关系的意识或耶稣的主权宣告并非直接地体现在他对弥撒亚称号的认同上，而是间接体现在他的活动中，即他关于上帝之国的传道以及事工上。但是，这一宣告是指向将来的，具有着预表的性质，仍须上帝之国在终末的完全实现予以证实。因而，耶稣的主权宣告不能成为自下而上基督论的根基。潘能伯格宣称："耶稣与上帝的统一尚未通过他的宣告——这一宣告默示于他在复活之前的表现——来建立，而是唯有通过耶稣从死里复活来建立。"[19]

## 2、复活证明耶稣与上帝的统一以及复活的神学意义

尽管当代神学鲜有把基督论奠基于耶稣的复活之上的，但是潘能伯格发现对于原始基督教来说却并非如此。他声称："对于原始基督教而言，耶稣的复活是救赎的根基，并且很有可能是一切基督论的信仰宣告的起点。"[20]既然，耶稣的主权宣告不能合理地证明他与上帝的统一，也不能为人们的信仰提供客观而清晰的说明，于是潘能伯格认为当代基督论十分有必要重新思考耶稣复活的基本重要性及其意义。只有当复活对于人们认信耶稣与上帝统一的基本重要性及其意义被揭示出来时，复活的历史性问题才会被凸显出来，复活的基本重要性问题要优先于复活的历史性问题，这也是他在《基督论的基本特征》一书中基本思路。在该书中，潘能伯格用了六个命题来概括复活的基本重要性，我们下面主要对与本章主旨相关的前四个命题予以分析和阐明：

---

17 Paul Althaus. Die christiche Wahrheit [M]. Gütersloh: C. Bertelsmann, 1962.431.

18 Hermann Diem. Dogmatics [M]. trans. Harold Knight. The Westminister Press, 1959. 106.

19 Wolfhart Pannenberg. Jesus——God and Man [M]. trans.Lewis L. Wilkings and Duane A. Priebe. Philadelphia: Westminster Press, 1968. 53.

20 Wolfhart Pannenberg. Dogmatische Erwägungen zur Auferstehung Jesu [J]. Kerygma und Dogma, vol.XIV (1968).105.

命题一：如果耶稣已经复活，那么世界的终末业已开始。

在犹太教和早期基督教天启传统下，上帝之国的完全实现伴随着的是普遍的复活。早期的门徒们在面对耶稣的死而复活时，他们相信并如此宣告：耶稣的复活绝不是历史中的一件孤立的事件，而是普遍的终末复活的开端，参见《罗马书》八章 29 节、《哥林多前书》十五章 20 节、《启示录》一章 5 节等。换用潘能伯格的神学术语就是耶稣的复活是普遍历史终末的预表，耶稣复活意味着世界的终末的开始。

命题二：如果耶稣已经复活，这对于一名犹太人而言只能意味着上帝自身已经证实了耶稣在复活之前的活动。

如果耶稣已经从死里复活，对于犹太人而言，这只能意味着是出自于上帝的意志。那么，耶稣先前在关于上帝之国的传道和事工中所间接体现出来的主权宣告便反遡性地得到了证实。反遡性的综合是潘能伯格把握历史之连续统一性的一种方法，即以事后的（post festum）和后验的（aposteriori）的方式去回顾历史中已发生的事件，来构建历史的统一性。诚如他在《上帝在耶稣中的启示》一文中宣称："如果没有耶稣的复活，他所传扬的信息便会被证实为一种狂热而鲁莽的言论。但是，在某种意义上，正如我们现在所见到的那样，复活证明了耶稣关于终末临近的盼望的合理。"[21] 在此，潘能伯格不是要废弃耶稣在世上的传道和事工以及由此所体现出的主权，而是要通过复活的历史实在性反遡地从耶稣活动的整体上来证实它们的合理性。

命题三：通过复活，耶稣极为接近人子（Son of Man），从而这一洞见逐渐清晰：人子正是将要复临的耶稣其人。

通过复活，耶稣与人子的身份保持了一致。在复活之前，耶稣传扬了他自己与人子在作用上的相应（a correspondence in function）。但是，两者之间在如下事实上还存在着差异：复活前的耶稣行走在地上，人子被期待是将来在云端降临，因而人子是天上的存有。有耶稣复活之后，这一差异消失了。因为，耶稣被上帝提走，他成为了天上的存有。通过复活，耶稣融入了人子这一身份。

命题四：如果已经复活的耶稣上升至上帝那里，如果世界的终末业已开始，那么，上帝最终在耶稣身上启示了自身。

---

21 Theology as History, New Frontiers in Theology. Vol. III [G]. edit. J. M. Robinson and J.B.Cobb. Harper & Row Publishers, 1967.

这个命题是潘能伯格以复活作为基督论的根基，即以复活来证明耶稣与上帝统一的核心所在。潘能伯格论述到："只有在万事的终末，上帝才会启示出他的神性，就是那操作万事和有权掌管每一件事的那一位。唯独凭借耶稣的复活，万事的终末，这对于我们来说尚未发生，但是可以说已经发生在耶稣的身上，换言之，终末已经出现在耶稣里面；同时，上帝自身以及他的荣耀已经以一种无法超越的方式显现在耶稣里面。仅仅由于世界的终末已经出现在耶稣的复活里面，上帝自身启示在耶稣里面。"[22]潘能伯格拒绝自上而下的基督论中关于耶稣与上帝统一的先验的（a priori）预设，而是试图通过分析耶稣复活的启示性品质（revelatory character）来后验（a posteriori）地确立耶稣与上帝的统一。他论证的两个关键点在于上帝的自我启示作为上帝之本质的自我揭露以及耶稣的复活作为历史终末的预表[23]。首先，启示是上帝的自我启示，是上帝之本质的完全揭露。自我启示并不直接地以上帝自身作为启示的内容，而是间接地通过上帝在历史中的行动来显明。只有在普遍历史之终末，上帝的本质才完全揭露。其次，历史终末的标志在于普遍地复活。拿撒勒人耶稣复活。那么，耶稣的复活便是作为普遍历史终末的预表或预先实现。由此可见，作为历史终末的耶稣是上帝在历史中最终的自我启示。同时，自我启示意味着启示的主体和启示的媒介必须是统一的。那么，作为启示的主体的上帝与启示的媒介的耶稣便处于启示的统一关系之中，即耶稣与上帝统一。我们用以下的这一组论证来呈现潘能伯格对这一问题的论证过程：

1.普遍的复活是历史终末的标志。

2.耶稣复活。

3.耶稣是历史终末的预表或预先实现。（1.2）

4.启示是上帝的自我启示，上帝的自我启示在历史终末完全。

5.耶稣是上帝的自我启示，i.e.上帝的自我启示在耶稣身上完全，i.e.上帝是启示的主体，耶稣是启示的媒介。（3.4）

6.自我启示是启示的主体与启示的媒介统一。

7.上帝与耶稣在启示中统一。（5.6）

---

22 Wolfhart Pannenberg. Jesus——God and Man [M]. trans.Lewis L. Wilkings and Duane A. Priebe. Philadelphia: Westminster Press, 1968. 69

23 关于上帝的自我启示，请参见第二章第一节的第一部分"启示是上帝的自我启示"。

　　这里我们需要对命题 5 予以两点说明。第一，潘能伯格坚持耶稣复活对于理解上帝在耶稣基督身上的自我启示来说是至关重要的。他宣称："仅仅由于耶稣的复活，换言之，这一事件是面对所有人的终末的开端，我们才可以说上帝的自我启示在于耶稣基督。倘若没有耶稣复活的事件，关于上帝的自我启示在于耶稣基督的神学陈述的根基便被剥离了。"[24]另一方面，既然耶稣的复活是作为历史终末的预表，那么为何上帝在耶稣身上的启示不是预表性的或局部性的，而是完全的呢？这与自我启示这一概念相关，自我启示的概念包含了如下这一事实，即启示是单一（single）而独特的（unique）。潘能伯格在《作为历史的启示》与《基督论的基本特征》中，一贯坚持耶稣基督作为上帝的自我启示的独特性、完全性，这是他对黑格尔和巴特关于上帝的自我启示思想的继承。[25]这里潘能伯格不是如 19 世纪"历史耶稣的追寻"运动那样，单单对拿撒勒人耶稣的生平与事迹进行历史批判地研究，企图复原作为历史人物的耶稣。而是，在对耶稣之历史——对于耶稣的历史，潘能伯格认为必须首先探究耶稣的复活，然后反溯性地对耶稣的历史整体进行考量和评估，那么，这里历史探究的核心便在于复活——予以批判性地研究之前，首先对复活对于基督论的基本重要性和内在意义予以探究。复活的基本重要性中核心的一点在于复活对于证明耶稣与上帝的统一即耶稣之神性的作用。既然，要探究复活对于证明耶稣与上帝统一的基本重要性，那么就离不开对上帝之自我启示的内涵予以揭示，因为复活所证明的耶稣与上帝的统一正是启示的统一。潘能伯格在完成了论证复活对于证明耶稣基督是上帝的自我启示之后，要想进而证明耶稣与上帝统一，这里关键在于揭示自我启示的主体与自我启示的媒介是统一的。因而，潘能伯格的基督论进路虽然是自下而上的开始，但是这并不意味着他的基督论就要维持在下面，而是通过揭示复活的启示性品质来证明耶稣与上帝的启示性统一。

　　命题五：耶稣的终末复活作为被钉十字架者的复活激励了转向外邦人的传道事工。

---

24 Wolfhart Pannenberg. Jesus——God and Man [M]. trans.Lewis L. Wilkings and Duane A. Priebe. Philadelphia: Westminster Press, 1968. 129

25 Revelation as History [G]. edit. Wolfhart Pannenberg. trans. David Granskou. New York: Macmillan. 1968. 5-6. Wolfhart Pannenberg. Jesus——God and Man [M]. trans.Lewis L. Wilkings and Duane A. Priebe. Philadelphia: Westminster Press, 1968. 127-129.

命题六：最后的重要性尤其在于阐明复活的耶稣的显现与他所传讲的话语之间的关系：早期基督教传统所传播的作为复活的耶稣的话语需要依据它的背景来理解，即作为对复活本身的内在重要性的解释。

综上所述，潘能伯格认为自下而上的基督论必须奠基于耶稣的复活之上，而非奠基于耶稣的主权宣告。因为，前者更为可靠和客观地解释了人们关于耶稣之神性信仰的理由。但是，潘能伯格并非要废除耶稣的主权宣告的意义，而是通过复活反遡性地对其予以证实。同时，耶稣的复活之所以能够作为基督论的根基，关键在于通过揭示复活的启示性品质，能够证明耶稣与上帝的启示性统一，从而证明了耶稣的神性。

### 3、复活的历史实在性

在阐述潘能伯格的复活观之前，我们先简要介绍一下启蒙运动以后关于复活的历史性问题比较有代表性的观点，因为自启蒙运动开始，基督教神学与历史的关系便常常纠结于耶稣的复活问题。启蒙运动的特征是强调经验的可重复性以及理性的自主与全能，休谟和莱辛则分别就这两个原则对传统基督教的复活观提出了如下两点批判：第一，耶稣复活是否作为一个历史事件真实地发生，即复活是否具有历史实在性？第二，即使耶稣复活有历史实在性，那么它的神学意义何在？换言之，耶稣的复活被界定为神迹（miracle），这一神迹要么是在人类历史中没有发生过的，因而只是耶稣的门徒们所编造的谎言；要么是真实地发生过的，但它并不具备任何形而上的或道德上的意义。

在《论神迹》（Of Miracles）一文中，大卫·休谟（David Hume, 1711-1776）[26]认为神迹是对自然规律的违背，而自然规律之所以是自然规律则是因为它能够为人们的经验一贯地（uniformly）（或重复地）予以证实。那么，神迹便与我们一贯的经验相违背，它发生的可能性则为零。休谟不仅从经验的可重复性的角度对神迹予以批判，同时他还考察了人们关于神迹的历史见证（testimony）的可靠性，在比较了人们的常识经验与一些人关于神迹的历史见证后得出了后者不可靠的结论。[27]休谟对于神迹的批判也适用于耶稣的复活，

---

26 休谟：18世纪苏格兰哲学家，著作有《人性论》、《人类理智研究》（《人性论》第一卷的修订本）、《道德原则研究》（《人性论》第三卷的修订本）)、《英国史》、《自然宗教对话录》等。

27 David Hume. Dialogues Concerning Natural Religion, with Of the Immorality of the Soul, Of Suicide, Of Miracles [M]. edit. Richard. H. Popkin. Hackett, 1998.

耶稣的复活被界定为违背自然规律的"非事件"（non-event）。休谟对于神迹的批判被当时盛行于英法的自然神论者（Deist）所接受，后者不是将基督教的合法性奠基于神迹之上，而是奠基于设计论的宗教论证上，虽然这一宗教论证同样受到了休谟的无情攻击。18 世纪德国自然神论者莱马卢斯（Hermann Samuel Reimarus, 1694-1768）[28]在《关于复活的叙述》一文中，分析了福音书中关于复活的叙述的诸多矛盾，认为人们关于耶稣复活的见证本身就是一个谎言。[29]

与休谟的经验论立场不同，德国哲学家莱辛（Gotthold Ephraim Lessing, 1729-1781）则是通过继承理性主义者莱布尼茨（Gottfried Wilhem von Leibniz, 1646-1716）关于历史的偶然真理与理性的必然真理的区分，对于复活的神学意义提出了质疑。莱布尼茨反对英国经验论者洛克所持的真理符合论（Correspondence of truth）。洛克认为真理中所含的观念必须与实在相契合或符合。[30]莱布尼茨反对用是否符合（Correspondence）来界定真理，因为所谓的符合或不符合，并不是人们用命题所表示的东西。比如，我们可以说两个鸡蛋是符合的，两个敌人是不符合的。莱布尼茨认为应该把真理放在观念的对象之间的关系上，这种关系使得一个观念包含或不包含在另一个观念之中。他根据同一律和充足理由律将真理区分为理性真理和事实真理。理性真理依据同一律，它的反面因包含着矛盾而是不可能的，这种真理是必然的真理。事实真理依据充足理由律，它的反面是可能的——如果说某一事实真理的反面不是真的，只是因为它与其它事实的"不可并存"或不是"共同可能的"，因而事实真理只是偶然性的真理。纯粹数学、逻辑学、形而上学、神学、伦理学和法学中都包含着必然真理，其中的一些原则不依靠举例便可得以证明，也不需要感觉的证实。[31]在莱布尼茨的理性主义传统下，在《论灵与力量的证明》（Über den Beweis des Geistes und der Kraft, 1777）一文中，莱辛认为历史的偶然真理不能成为理性的必然真理的证明，因为两者是不同类型

---

28 莱马卢斯：18 世纪德国神学家、职业教士。他的著作因当时太具挑战性，生前只出版了少量作品，其中较有影响力的是题为《自然宗教之首要原理》的论文。莱马卢斯死后，莱辛将他的手稿中的一部分出版，手稿原题是《为理性的上帝崇拜者辩护》，莱辛出版了其中作为《沃尔芬布特尔残篇》的七个部分。

29 转引自 J.C.利文斯顿. 现代基督教思想 [M]. 何光沪译.四川人民出版社，1999.62.

30 洛克.人类理解论 [M]. 关文运译.北京：商务印书馆，1997.570.

31 莱布尼茨.人类理智新论 [M]. 陈修斋译.北京：商务印书馆，1996.

的真理。基督教传统中所言的那些依赖于历史证据的神迹——比如，耶稣的复活（即使它具备历史实在性）——不可能论证出耶稣的神性，因为前者属于历史的偶然真理，后者属于理性的必然真理。[32] 由此可见，包括复活在内的拿撒勒人耶稣的全部历史并不具备任何形而上的重要性，我们不能够依据前者而形成形而上的与道德上的观念。

19 世纪德国神学家施特劳斯（David Freidrich Strauss, 1808-1874）并不像他的前辈们那样否定复活的神学意义，他认为耶稣的复活是基督教信仰的核心，宣称："人们关于耶稣的信仰的根基在于对他的复活的确信"。[33] 虽然，施特劳斯接受了启蒙运动对于正统基督教复活观的批判，即神迹（比如复活）不具备客观实在性。然而，他试图说明的是在没有客观的历史证据的基础上，人们关于耶稣复活的信念何以可能。他排除了复活作为历史事件的客观性，而将其定位于纯粹主观的层面上。他将福音书中复活的基督解释为神话式的复活的基督（a mythical risen Christ）。复活并非蓄意捏造的谎言，而是人们对于事件的解释，这一解释合乎公元一世纪巴勒斯坦地区以神话为主导的世界观。施特劳斯通过引入"神话"这一概念，使得耶稣的复活暂时逃脱启蒙运动已降的历史批判，这对 20 世纪上半叶传言神学的代表人物布尔特曼有着深远的影响。至此，传统基督教中作为信仰之根基的复活，在施特劳斯的解释下便成为了信仰的产物。

传言神学的代表布尔特曼认为在科学与理性的时代，复活的历史性证明是站不住脚的。复活不是客观的历史事件（historical event），而是纯粹的神话事件（mythical event），复活事件与门徒的生存经验有关。布尔特曼宣称："真正的复活节信仰就是对于照亮人的所传讲的道的信仰。除了十字架事件之外，无论如何，倘若复活日事件可以算作一个历史事件的话，那么这一历史事件只能是人们开始了对复活的主的信仰。因为，正是这一信仰导向了使徒的传道。复活本身不是发生于过去的历史的一个事件。所有的历史批判所能肯定的就是最初的门徒开始相信复活。"[34] 由此可见，耶稣的复活作为一个神话事件，而非历史事件，它并不受历史批判法则的检验。以此同时，耶稣的

---

32 The Christian Theological Reader [G]. edit. Alister E. Mcgrath. Blackwell, 1995. 154-155.

33 D.F.Strauss. The Life of Jesus [M]. Philadelphia: Fortress Press, 1972.758.

34 Rudolf Bultmann. New Testament and Mythology, Kerygma and Myth [G]. edit. H.W.Bartsch. 2nd edtion. London:SCPK, 1964. 42.

复活是否具有历史实在性这一问题并不重要，重要的是耶稣的复活成为了基督教信息的一个基本组成部分，耶稣复活在福音宣讲（Kerygma）之中。

20 世纪的另一位神学大师卡尔·巴特对待复活的历史性问题持模棱两可的态度。一方面，巴特反对布尔特曼以主观的方式来谈论复活，批评布尔特曼对复活予以了存在主义哲学化的解释，这一解释暗示出复活本身毫无客观的历史基础。巴特试图维护复活事件的历史性，宣称耶稣的复活并非纯粹内在的事件，并非耶稣的门徒所主观构造出来的神话事件，而是在人类历史上留下了"标志"（mark）的事件，其中耶稣的空坟墓便是必不可少的标志之一。另一方面，巴特反对 19 世纪新教自由主义以历史批判的方法来探讨福音叙述——比如福音书中所记载的耶稣的复活。因为，巴特认为历史学并不能使得基督教的信仰更为合理，或者为后者提供更为可靠的根基。基督教信仰毕竟只是人们对于复活的基督作出的信心的回应，而非对于耶稣的空坟墓的信仰。[35] 由此可见，关于耶稣复活的历史实在性问题，巴特并未给出一个明确而公允的答案。

潘能伯格就是面对先前哲人关于复活的历史性批判或者关于复活的神话化解释，来思考耶稣复活的历史性问题，企图对此予以一个明确而公允的答复。如前所述，对于莱辛所提出的复活的神学意义的质疑，潘能伯格的回答是肯定复活的基本神学重要性及其意义。复活之所以能够作为基督论的根基，正是因为它的基本神学重要性——耶稣的复活证明了耶稣与上帝的启示性统一，这是对莱辛的不可跨越的鸿沟的答复。潘能伯格借助于德国观念论传统下黑格尔和巴特对上帝的自我启示这一概念的诠释，完成了这一跨越。在阐明了耶稣复活的神学意义之后，潘能伯格进而对耶稣复活的历史实在性予以证明。

潘能伯格认为耶稣复活的历史性是当代基督论神学建设唯一充分并合理的根基。他对人们拒斥复活之历史实在性的主要理由逐一予以批驳。第一，认为复活是对自然规律的违背，因而不具备历史实在性。潘能伯格认为这一理由并不合理：首先，我们所知道的自然规律毕竟是相当有限的，并不能解释和涵盖所有的事件。其次，在一个整体性地表现出了单一的、不可逆转之进程的世界中，任何一具体事件的发生并非完全由自然规律所决定。与自然

---

35 Karl Barth.Church Dogmatics, Volume IV, i [M]. edit.Geoffrey W. Bromiley. Edinburgh:
   T. & T. Clark, 1956.

规律相符合展现出的只是事件某一方面的特征。从另一视角而言，任何事件的发生都具有偶然性，甚至自然规律的有效性本身也是偶然的。因而，由自然科学所陈述的自然规律本身所具有的只是一般有效性（general validity），不能以此作为判断事件之发生与否的唯一标准。[36]

第二，出于类比原则（principle of analogy）而拒绝复活之历史实在性。如前所述，休谟认为复活之历史性不可靠，因为这违背了人类经验的类比性，在当代我们根本找不到可以用来跟历史上的耶稣复活相类比的死人复活的经验。沿袭此路，19 世纪末神学家特洛尔奇（Ernst Troeltsch, 1865-1923）提出了神学研究中对于历史的类比原则的利用。在处理历史上的事件与其在当代的类比事件（present-day analogy）之关系时，特洛尔奇坚持历史事件之间的基本相似性或同质性。但是耶稣的复活缺少在当代的类比事件，这与历史的相似性或同质性原则相违背，因而它的历史实在性便是值得怀疑的。以历史的相似性或同质性原则为由是对复活之历史实在性的非常强势而有力的批评之一。有人对于特洛尔奇所言的相似性或类比原则如此评价："如果不借助于类比的原则，我们似乎就不能够理解过去；然而，我们一旦借助了类比的原则，似乎又不能够公允地对待所谓的基督的独特性"。[37]

在《救赎事件与历史》一文以及《基督论的基本特征》一书中，潘能伯格对于上述立场进行了批判。首先，同质性原则意味着一切差异都必须在这一基本的、普遍的历史同质性中被把握。对于一切历史事件的基本同质性的预设是对历史追问本身的一种压缩。人类的类比的认识能力在于发现异质中的同质（das Gleichartige im Ungleichartigen）或曰异中求同。历史学不仅仅追问由类比原则所抽象出的一般，还要追问事件中众多非同质的特性或曰难以被同质性化约掉的独特性。实证主义历史学家比如特洛尔奇试图在历史中发现与自然科学相类似的"法则"，这是一种过于狭隘化的历史观。因为它预先设定了一套暂时性的判断标准，却又将其提升为绝对法则，依照这一套绝对法则对历史事件予以裁定，这样一些事件便事先地就被排除在外。特洛尔奇关于"历史批判探究的压缩"是带有偏见以及人类中心化的，预设了在历史中人类的视角是唯一可被接受与有效的视角。类比总是从人类观察者的立

---

36 Wolfhart Pannenberg. *Jesus——God and Man* [M]. trans.Lewis L. Wilkings and Duane A. Priebe.Philadelphia: Westminster Press, 1968. 98.

37 Van A. Harvey. The Historian and the Believer [M]. London, 1967. 32.

场出发，它不能成为历史的批判探究的唯一绝对的基础。[38]在此，潘能伯格并非要完全否定类比原则在历史批判探究中的功用，他所要批评的是人们滥用了类比原则来界定一种实体观，在这种情形下，历史所建构的只有"事实"。耶稣的复活由于缺少当代类比物便被断定为非历史的。他所要提醒人们的是关于"耶稣没有复活"的论断只是历史批判探究之前的预设，而非其结论。他要求人们要以中立的立场来看待这件事情，不要凭借先入为主的假设，就断定复活必然没有发生。潘能伯格论述到："只要历史学不独断地始于一种宣告'死人没有复活'的狭隘实体观，我们就没有清晰的理由来表明为何历史学从原则上就不能够谈论耶稣的复活，虽然诸如门徒关于显现的经验与空坟墓的发现都已经很好地解释了这一点。"[39]麦格拉斯（Alister McGrath）认为潘能伯格对于类比原则的批判是他对"历史的耶稣"与"信仰的基督"之论战最为重大的贡献之一。[40]

对于潘能伯格而言，耶稣的复活并非与历史批判探究毫无关系的纯粹神话事件，亦非超越于历史批判探究之外、单单与信心有关的事件，而是可以予以公开地历史批判探究的历史事件。

概言之，通过耶稣的复活，反溯性地证明了耶稣与上帝的统一。这一统一关系启示于耶稣在的历史整体与天命，故而是启示的统一。这是透过自下而上的方法论获得的对于耶稣之神性的探究。

# 第二节、自上而下的基督论：三一论视域下的耶稣基督其人及其神性

## 一、自下而上与自上而下的方法论的融合

潘能伯格在《基督论的基本特征》（Grundzüg der Christologie, 1964）中试图寻求现代基督论的可靠的与可自我辩护的根基，强调在历史中并通过历史自下而上地探究耶稣的独特身份（Identität/identity）的必要性与可行性，并通

---

38 Wolfhart Pannenberg.Basic Question in Theology, vol. 1 [M]. Trans. George H. Kehm. Philadelphia: Fortress. 1970.46-50.

39 Wolfhart Pannenberg. *Jesus——God and Man* [M]. trans.Lewis L. Wilkings and Duane A. Priebe.Philadelphia: Westminster Press, 1968.109.

40 Alister Mcgrath. The Making of Modern German Christology [M]. Basil Blackwell, 1986.170.

过耶稣的复活反溯性地证明耶稣与上帝的启示的统一（Offenbarungseinheit /revelatory unity）。他认为基督论的出发点是耶稣基督的历史实在，而基督论的可靠根基则在于耶稣的复活。伯根（H.Burhenn）如此评价他的这一基督论进路："他（潘能伯格）的基督论中至关重要的一点在于人们必须自下而上地展开，即从逻辑上讲必须是始于耶稣其人……那么，本质的统一便是作为结论最后得出，而非在开端作为系统神学的任务。"[41]泰勒（Iain Taylor）认为无论"自下而上的基督论"（Christology from below）与"自上而下的基督论"（Christology from above）这两个术语是否是潘能伯格首创，起码自他之后尤其是自《基督论的基本特征》之后，这两条路径更加广为人知地用以上两个术语来进行表达。[42]在该书中，潘能伯格明确界定了两个术语的内涵，并比较了两条基督论进路的差异。他在《系统神学》卷二（Systematische Theologie, 1991）处理基督论的方法论问题时，对于这两个术语的界定与《基督论的基本特征》中的界定和区分基本一致。在《系统神学》卷二中，"自上而下的基督论"被界定为是用先在的圣子被差派到世界的立场来解释《新约》中的见证。[43]在《基督论的基本特征》中，潘能伯格认为"自上而下的基督论"是指事先预设了三位一体的教义，并且如此发问：三位一体中的第二位格（逻各斯）如何"居有"或"取"了人性（assume a human nature）？[44]"自下而上的基督论"是指以历史上的耶稣基督作为基督论的起点，并且作为判断神学中关于耶稣的位格的一切基督论陈述的标准；基督论的陈述本身则是对耶稣的历史实在的一种解释。[45]

然而，这并不意味着潘能伯格在两种不同的基督论方法论中只选择其一而放弃而另外一个，或是两种方法论进路完全对立。在图波尔（E.Frank Tubber）关于潘能伯格前半期神学思想（六、七十年代）研究著作的附言中——该书是关于潘能伯格前半期神学思想的英语、德语研究著作中相当出色的一本，受到作者本人的赞赏——潘能伯格如此论述："出于我的人类学的——历史

---

41 H. Burhenn. Pannenberg's Doctrine of God [J]. Scottish Journal of Theology28 (1975) .536.

42 Iain Taylor. Pannenberg On The Triune God [M]. T & T Clark, 2007.107.

43 Wolfhart Pannenberg.SystematicTheology,vol.2 [M]. trans.Geoffrey W. Bromiley. Edinburgs: T & T Clark, 1994.278.

44 Wolfhart Pannenberg. Jesus——God and Man [M]. trans.Lewis L. Wilkings and Duane A. Priebe.Philadelphia: Westminster Press, 1968.34.

45 Wolfhart Pannenberg.SystematicTheology,vol.2 [M]. trans.Geoffrey W. Bromiley. Edinburgs: T & T Clark, 1994.280.

的视角下的进路（'自下而上'），我关注的重点在于这些事件的内在意义，而非归之于它们的神圣意图，尽管我把历史事件与上帝的行动联系起来。只有在基督论出版之后，我才能令自己满意地来澄清上帝论中的一些特定要素，从而，现在我才敢于谈论历史事件中的神圣意图。"[46]可见，潘能伯格并非不考虑耶稣基督的历史中的神圣意图，而是首先剔除关于神圣意图的预设——即三位一体中的第二位格圣子被差派到世界。他旨在用相对客观地历史批判探究的方法来对待耶稣的历史实在性，并通过耶稣的复活来揭示其基本的神学意义。

早在《系统神学》之前，在《基督论与神学》（Christologie und Theologie）一文中，潘能伯格认为倘若没有神学和上帝的观念作为前提，耶稣其人及其工作的意义便得不到担保。倘若没有了耶稣的上帝，耶稣其人也是难以被接受的。[47]他向现代新教神学中自下而上的基督论——包括他自己的《基督论的基本特征》在内——进行反问："难道这种自下而上的基督论所依凭的不是一个有问题的前提吗？即作为人的耶稣本身成为了研究的对象，而他与上帝的关系必须被悬置起来。"[48]他认为基督论不能单向度地只关注耶稣其人，正如他在《基督论的基本特征》中所坚持的，在为自下而上的基督论的必要性作出辩护之后，这一基督论所要面临的首要问题仍是耶稣与上帝的统一（Einheit Jesu mit Gott/unity of Jesus with God），因为倘若忽略了这一问题便是对于耶稣的历史整体的误读。这是潘能伯格自下而上的基督论与19世纪自由主义神学中自下而上基督论的不同之处。他与传统自上而下的基督论的不同之处在于后者预先设定了三位一体的教义，即耶稣与上帝的统一作为前提被给出，在潘能伯格那里耶稣与上帝的统一是通过考察耶稣的历史实在尤其是耶稣的复活而反溯性地被证明的，这种统一关系作为结论得出。潘能伯格声称他旨在探索另外一种自下而上的基督论，这一自下而上的基督论能够成为自上而下的基督论的必要补充，后者是一种关于"上帝的自我实现"（Selbstverwirklichung Gottes/God'sself-actualization）的基督论。[49]

---

46 E.Frank Tubber. The Theology of Wolfhart Pannenberg [M]. Philadelphia: Westminster Prtress, 1974.305.

47 Wolfhart Pannenberg. Grundfragen Systematischer Theologie [M], Band 2. Göttingen: Vandenhoeck & Ruprecht, 1980.130.

48 Wolfhart Pannenberg. Grundfragen Systematischer Theologie [M], Band 2. Göttingen: Vandenhoeck & Ruprecht, 1980.131.

49 Wolfhart Pannenberg. Grundfragen Systematischer Theologie [M], Band 2. Göttingen:

　　《系统神学》将基督论置于上帝论和人论之后并非偶然，乃是有其内在的逻辑关系，这样便于在双向度的背景下展开基督论陈述。一方面是人论的背景，人论置于基督论的前面——巴特的《教会教义学》亦是如此。潘能伯格这样安排旨在展开神学与人文科学的对话，证明其一贯的坚持即基督教陈述与人类知识保持着内在的一致性；同时，可以将人论的结论带入基督论的审视和检验之下，与自下而上基督论中的人类学——历史的取向相符合。另一方面是上帝论的背景，这契合于三卷《系统神学》的主题与特色，即以三一上帝论为主题和纲领对基督教教义学的各个部分展开说明。潘能伯格论述到："倘若我们想达成一种系统而又综合的基督论，那么上帝的观念与人性以及神性的观念的互相调和则是一种方法论上的前提。"[50]在《系统神学》中潘能伯格旨在探讨一种自上而下与自下而上相互平衡、互为补充的基督论。

## 二、耶稣之神性的根基

　　基督论的主题是审视耶稣基督的神性（Gottheit Jesu Christi/deity of Jesus Christ）并为其作出合理的辩护。耶稣的神性体现于耶稣与上帝的统一。在《系统神学》卷二之基督论部分中，潘能伯格探究耶稣与上帝统一的认识论和本体论根基，分别对应于自下而上与自上而下的方法论。

### 1、复活证实耶稣的神性

　　潘能伯格认为耶稣的复活为显明耶稣的永恒的圣子身份以及耶稣与上帝的统一提供了一种认识论的基础。他论述到："复活节事件成为使徒传言和教会的基督论的起点。这两点都依赖于这一事件以及由此所反溯的复活节前的耶稣的历史的独特意义。"[51]耶稣复活的基本神学意义在于证明耶稣与上帝的统一和耶稣的圣子身份，这来自于上帝对于耶稣之神性的辩护。

　　上帝使耶稣死而复活，这是上帝对于耶稣在历史中的行动和耶稣之神性的辩护，潘能伯格将其称作反溯力（retroactive force）。反溯力通过耶稣的复活，回顾耶稣的历史整体，从而对于耶稣所传扬的信息和工作、耶稣其人及其身份、进而乃至耶稣永恒的圣子身份的肯定。首先，复活节对于耶稣的神

　　Vandenhoeck & Ruprecht, 1980.145.

50　Wolfhart Pannenberg. SystematicTheology [M], vol.2. trans. Geoffrey W. Bromiley. Edinburgs: T & T Clark, 1994.290.

51　Wolfhart Pannenberg. SystematicTheology [M], vol.2. trans. Geoffrey W. Bromiley. Edinburgs: T & T Clark, 1994.363.

圣证实是对于他所传扬的信息和工作的证实，表明将来的上帝的神圣统治已经在耶稣身上实现。潘能伯格如此论述："在复活节事件的光照之下，耶稣关于他自己的位格的含蓄宣告——即，上帝的未来在他身上并且通过他而显现——不再被视作出于人类的骄傲。现今，耶稣的复活已经证实了他在世界的工作的展开是出于上帝的统治，那么父的王权统治确实在他身上显现出来。"[52]第二，来自于复活的反溯力不仅证实了耶稣所传扬的信息及其工作，更是对于耶稣的身位（person）及其历史整体的证实，即从耶稣的出生、死亡直至复活的历史整体。最后，复活的反溯力不仅是对于耶稣的历史整体的证实，它延伸至先在的（pre-existent）子在永恒里与父的统一。潘能伯格论述到："使耶稣复活的上帝对于耶稣的信息的证实，不仅表明耶稣的行动出于神圣的统治，还表明上帝就是永恒的那一位，就是耶稣所传扬的那一位。耶稣的信息和历史彰显的是父的终末的绝对的启示，是父对于他的创造的爱。如果父是永恒的那一位，是在与他的儿子耶稣的关系中历史性的显现并且借着耶稣而显现的那一位，那么我们就不能离开了子来思考父。这意味着一方面复活的主与父永恒联结；然而，另一方面，他作为子与永恒的父的关系意味着早在耶稣的尘世的存在开始之前，子便与父相联结。"[53]

概言之，耶稣的复活是圣父对于耶稣在历史中的宣告、活动以及历史之整体的证实，同时是对于耶稣作为先在的圣子身份的证实，是耶稣之神性的认识论根基。

## 2、内在根基：耶稣的自我区分（Selbstunterscheidung/self-distinction）

潘能伯格认为耶稣的圣子身份的内在根基并不在于抽象的神圣本质，而是在于耶稣的位格区分即耶稣从父的自我区分。他对于传统上从神人二性论来界定耶稣的圣子身份以及耶稣与上帝的统一提出质疑。

潘能伯格认为道成肉身不仅仅只是创造论的联合（protological union）。传统教义学认为道成肉身——基督身上人性和神性的完全联合——跟耶稣尘世生命的开始有关。然而，潘能伯格认为如果我们将对道成肉身的理解限制于拿撒勒人耶稣的圣灵感孕以及耶稣的降生，那么我们就难以借着耶稣与父的

52 Wolfhart Pannenberg. SystematicTheology [M], vol.2. trans. Geoffrey W. Bromiley. Edinburgs: T & T Clark, 1994.365.

53 Wolfhart Pannenberg. SystematicTheology [M], vol.2. trans. Geoffrey W. Bromiley. Edinburgs: T & T Clark, 1994.367.

关系为媒介来思考永恒圣子与这一人的生命的联合。这是古典基督论论战的焦点所在，最终只能声称逻各斯直接取了人性。他认为："只有在耶稣的作为整体的生命中，他才是子。因而，我们不能将我们关于道成肉身的思考限制于耶稣的圣灵感孕和降生，并以此为开端。如果在他的个人发展中他选取了另一道路，如果他没有被约翰施洗，如果他不是上帝的统治的使者，如果他不是通过受苦来接受他使命的后果，他就不会是上帝的儿子。只有在复活节的早上的光照下，耶稣才是上帝的儿子，因为唯独鉴于此，他的生命道路才被毫无疑义地界定为顺服的而非人类骄傲的道路。"[54]

潘能伯格认为基督的儿子身份——即永恒的圣子身份的实现（Verwirklichung /actualization），成就于耶稣的生命历程之中。永恒圣子身份的自我实现比创造论的联合能够更加合理地来说明耶稣的身份问题。因为，在这种情形下，我们关于基督的儿子身份的思考是以耶稣与父的关系为媒介而进行的。

在此基础上，潘能伯格提出圣子身份的内在根基在于耶稣从父的自我区分。他不是以传统的神人二性论作为基督论的进路，而是以三位一体的现实性（Wirklichkeit der Trinität）——即神圣位格的相互区分与统一——作为基督论的背景，来解释永恒圣子的身份问题或耶稣与上帝的统一问题。他在《系统神学》卷一提出三位一体的具体模态（Gestalt/form）是相互的自我区分，其中以子从父的区分为起点。

潘能伯格如此界定自我区分，即令自身区分于他者的那一位同时又将自身界定为依赖于他者。他强调相互的依赖或依存关系是位格的自我区分概念的一个必要环节或要素。[55]具体而言，耶稣从父的自我区分显明了他作为上帝儿子的身份，显明了耶稣与永恒上帝的统一。他如此论述："耶稣使自身顺服于父，借着他所做的一切来服务于父的统治，从而使自身区分于上帝。只有在这种从父的自我区分之中——借着顺服并服务于父的王权统治——耶稣才是子。"[56]在永恒中子与父的关系的特征是子对于父的完全顺服以及子对于

54 Wolfhart Pannenberg. SystematicTheology [M], vol.2. trans. Geoffrey W. Bromiley. Edinburgs: T & T Clark, 1994.384.

55 Wolfhart Pannenberg. SystematicTheology [M]. vol.1. trans. Geoffrey W. Bromiley. Grand Rapids: William B. Eerdmans, 1991.313.

56 Wolfhart Pannenberg. SystematicTheology [M], vol.2. trans. Geoffrey W. Bromiley. Edinburgs: T & T Clark, 1994.363.

父的统治的自我区分，这在历史中的表现形式是耶稣其人与父的关系。如果说逻各斯的道成肉身是永恒的子在他从父的自我区分之中自我倒空（self-emptying）的结果，那么在顺服于父的差遣中耶稣的自我降卑便是在其尘世生命中子的显现的媒介。[57]从耶稣的生命历程的整体可知——即耶稣的降生、宣讲、工作、被钉十字架、死亡、复活——耶稣的神性不是异质于耶稣的人性之外的元素。

## 三、道成肉身：上帝的自我实现（Selbstverwirklichung /self-actualization）

潘能伯格认为："子的道成肉身并非与三位一体的上帝毫不相关。通过道成肉身，上帝向世界显现。它对于通过圣灵的父和子的永恒团契来说也是意义重大。它将被造界带入三位一体的团契之中……世界的被造伴随着子的道成肉身，因为这是父的王权统治（Königsherrschaft/ kingly rule）在世界上实现的方式。如果丧失了对于被造界的统治（Herrschaft/ lordship），上帝将不是上帝。创造行动一定是上帝的自由的结果，但是一旦被造界存在之后，对于它的统治则是上帝之神性的条件和证明。"[58]道成肉身被理解为上帝在世界中的自我实现。潘能伯格对于这一问题的处理有着如下三点特色。第一，潘能伯格用自我实现来说明上帝的作为或行动。黑格尔从上帝的主体性（Subjektivität Gottes）出发，用过主体必然的自我实现来建构基督教的三位一体论，三位一体中的诸位格被视作是单一主体的不同存在方式（Seinsweisen），而世界则是上帝的自我实现的条件。潘能伯格虽然也使用了自我实现这一概念，但是其内涵不同，不是三位一体，而是上帝与世界的关系被描述为上帝的自我实现。其次，道成肉身被理解为上帝在世界中的自我实现，这便与巴特完全奠基于永恒内在三位一体的道成肉身不同。最后，道成肉身所启示的不仅仅是耶稣基督，还有圣父和圣灵，因而道成肉身是三位一体的上帝的自我实现。潘能伯格利用三一上帝论为基督论部分提供一个基本构架，旨在建立一种三一论的道成肉身的教义。

---

57 Wolfhart Pannenberg. SystematicTheology [M], vol.2. trans. Geoffrey W. Bromiley. Edinburgs: T & T Clark, 1994.377.

58 Wolfhart Pannenberg. SystematicTheology [M], vol.2. trans. Geoffrey W. Bromiley. Edinburgs: T & T Clark, 1994.389-390. Systematische Theologie [M], Bd.2. Göttingen: Vandenhoeck & Ruprecht, 1991.434.

关于道成肉身是上帝在世界中的自我实现，潘能伯格作了如下几点说明与澄清。首先，上帝在启示事件（Offenbarungsgeschehen）中的自我实现并不意味着三位一体的上帝（Trinitarische Gott）在其自身之中就没有先在的现实（prior reality）。自我既是实现的主体，又是实现的客体。自我先于其自身实现的成就或完成。潘能伯格认为这是自我实现这一概念自身所具有的悖论。因为，自我是将要实现的自我，是自我实现的结果；与此同时，自我又必须被设想为行动的主体，因而它在开始的时候便已经是现实的存在。在黑格尔的思辨哲学体系中，上帝被设想为自我展开和自我运动的主体，世界是上帝自我实现的条件，因而上帝的创造行动是必然的。潘能伯格认为黑格尔以对有限现实的有限性的反思为开端，由有限者上升到无限者，由人的主体性上升到上帝的主体性（Subjektivität Gottes）。在此，"主体"这一概念要优先于自我展开和自我运动的过程，背后依循的是原因与结果的相继性，因而是将思维的有限规定性强加给了无限的上帝的现实性（Wirklichkeit Gottes）。[59]

出于以上考虑，潘能伯格坚持："父的王权（Königtum des Vaters/monarchy of the Father）在三位一体的永恒团契（Gemeinschaft/followship）之中已经实现。它并不须要世界的存在。在永恒之中，子尊崇于父的王权统治（Königsherrschaft/kingly rule）。因而，这一统治是永恒的，显然不能离开子和灵，而是借着祂们。但是，这一统治现在也被付诸被造界。借着子和灵，父的统治在被造界被建立并被认识。"[60]尽管，潘能伯格刻意与黑格尔的思辨哲学体系保持距离，他的基督论仍被有的学者指责为是黑格尔主义的基督论，比如奥尔森（Roger Olson）。奥尔森认为潘能伯格的基督论贬低了在耶稣基督的历史中上帝的救赎活动的荣耀（graciousness），因为倘若道成肉身被理解为上帝在世界中的自我实现，这便意味着上帝必须通过使世界与自身联合来拯救世界，从而实现上帝自身的神性。[61]格伦兹（Stanley J.Grenz）认为奥尔森的指责有失偏颇，因为在潘能伯格那里，上帝的存在并非尚未完成的，须要在世界的进程之中来实现，这是黑格尔哲学和当代过程神学中的上帝。潘能伯格所言的上帝在

59 Wolfhart Pannenberg. Grundfragen systematischer Theologie [M]. Bd.2. Göttingen: Vandenhoeck & Ruprecht, 1980.96-111.

60 Wolfhart Pannenberg. SystematicTheology [M], vol.2. trans. Geoffrey W. Bromiley. Edinburgs: T & T Clark, 1994. 390. Systematische Theologie [M], Bd.2. Göttingen: Vandenhoeck & Ruprecht, 1991.434.

61 Roger Olson. The Human Self-realization of God: Hegelian Elements in Pannenberg's Christology [J]. Perspective in Religious Studies 13(1986). 207-223.

世界之中的自我实现只是奠基于内在三一生命的永恒上帝在历史中的自我启示。[62]我们同意格伦兹的看法，因为首先在潘能伯格那里，世界的被造对于上帝的存在来说并非必须的，而是出于上帝的自由。其次，潘能伯格认为在世界存在之后，对于世界的统治或主权是彰显或证明上帝之神性的条件，但这毕竟不同于黑格尔所言的世界是上帝的自我实现的条件。并且，潘能伯格所言的对世界的统治或主权对于上帝之神性必要性，这根源于上帝是作为"决定一切的实在"（die alles bestimmende Wirklichkeit/all-determining reality）这一基本的上帝观。上帝的神性跟上帝的统治（Gottesherrschaft）及其上帝的国度有关。[63]

我们再回到潘能伯格对道成肉身是上帝在世界中的自我实现这一命题的说明与澄清上。其次，潘能伯格用上帝在世界的自我实现这一描述旨在表明内在的三位一体（immanente Trinität）与经世的三位一体（ökonomische Trinität）的统一。他论述到："内在的与经世的三位一体的关系，上帝的内在三位一体的生命与他在救赎历史中的作为的关系，这些关系并非外在于上帝的神性，而是表达了上帝在世界中的在场，这可以在自我实现中被很好的描述出来。"[64] 因为，自我实现的主体和结果是同一的。并且，他认为自我实现比巴特所言的"上帝的重复"（repetition of God）能够更为有效地来界定道成肉身，因为前者有完全复制或摹仿的思想嫌疑。

概言之，在《系统神学》卷二探讨耶稣其人及其神性的部分，潘能伯格将自下而上与自上而下的方法论综合运用、互为补充。耶稣基督的圣子身份奠基于对于耶稣的历史的整体考察，尤其是复活事件是上帝对于耶稣的辩护。耶稣的历史之整体显明上帝的启示——耶稣与上帝的统一，这根源于耶稣从父的自我区分。在此，潘能伯格基督论的特色在于以三一上帝论为基本构架，对于耶稣之神性以及圣子身份予以三一上帝论背景下的考察。因为，父、子、灵的相互的自我区分是三位一体关系的具体模态，其中子从父的自我区分乃是三一关系的起点。同时，潘能伯格对于道成肉身的理解也是以三一上帝论为基本构架的，在此三一上帝论是协调性的原则（operative principle），[65]而非道成肉身的

62 Stanley J Grenz. Reason for Hope: The Systematic Theology of Wolfhart Pannenberg [M]. New York.& Oxford: Oxford University Press, 1990.138-139.

63 Wolfhart Pannenberg. Theologie und Reich Gottes [M]. Mohn, Gütersloh, 1971.

64 Wolfhart Pannenberg. SystematicTheology [M], vol.2. trans. Geoffrey W. Bromiley. Edinburgs: T & T Clark, 1994.393.

65 福特编.现代神学家[G]. 董江阳、陈佐人译，汉语基督教文化研究所出版,2005.191.

教义之发端的一个抽象的前提。道成肉身是三位一体的上帝的自我实现，因而在耶稣基督身上我们可以获得对于神圣三一生命的充分认识。故而，在《系统神学》卷一探讨三位一体的上帝论部分，潘能伯格是以上帝在耶稣基督身上的历史性的启示作为探讨三一关系的起点的。当代潘能伯格学者施韦贝尔如此评价《系统神学》的成就，"潘能伯格《系统神学》之主要成就之一是其一致性之三一神学，并由此而建构整个教义学系统，以三一上帝观之架构来检视所有之教义。"通过我们对于基督论的考察，管中窥豹可知这一评价还是相当中肯的。

# 第四章、上帝的将来与三位一体的上帝论

## 第一节、前期上帝论思想：上帝的将来与上帝的统治

　　潘能伯格认为我们关于上帝的认识来自于历史上的耶稣所宣讲的信息，其中耶稣所宣讲的核心就是上帝之国（*Reich Gottes*）的来临，同时还在于透过耶稣的复活所预见到的终末现实。在《希望的上帝》（Der Gott der Hoffnung, 1965）一文中，潘能伯格从耶稣关于上帝之国来临的宣讲中引申出了上帝的将来（*Zukunft Gottes*/futurity of God）。潘能伯格如此论述："当来临的国度以《圣经》术语被命名为上帝之国时，这里关切的是国度的将来的本体论优先性，要优先于现今了一切实在。这意味着就《圣经》的起点而言，上帝的存在与上帝的国度是同一的。因为，上帝的存在就是上帝的统治（*Herrschaft*/lordship）。只有当他行使这一统治时，他才是上帝，并且这一统治的完全实现是在将来的。在这个意义上，被国度的希望所指涉那一位上帝若从激进而彻底的意义上讲，便可被描述为'作为存在模态的将来'（*Futurum als Seinsbeschaffenheit*）。"[1]

　　潘能伯格认为上帝的存在与上帝之国是同一的。因为上帝的存在就是上帝的统治（*Gottesherrschaft*），而上帝的统治属于上帝的神性。我们不能离开了上帝的统治来思考上帝的存在。在《神学与上帝之国》（Theologie und Reich Gottes）一文中，潘能伯格如此论述："只有能够证明自身统治一切的神才是

---

1　Wolfhart Pannenberg. Basic Questions in Theology [M], vol.2.trans. George H. Kehm. Philadelphia: Westminster. 1971.240. Theologie und Reich Gottes [M]. Mohn, Gütersloh, 1971.391.

真实的。这并不意味着离开了有限存在者的存在，上帝就不是上帝……它意味的只是如果有限存在者存在，对于有限存在者的主权就是内在于上帝的本性的。上帝的神性就是他的统治。"[2]如果上帝的存在与上帝的统治不可分割，并且依照耶稣所宣告的信息上帝的统治的完全实现在于终末的将来，那么我们对于上帝的存在就必须予以终末式的思考。换言之，上帝的存在被设想为处于生成的（*Werdend*）过程之中。潘能伯格论述道："在一个受限制但依然重要的层面上而言，上帝尚未存在……上帝的存在仍在生成的过程之中。"[3]上帝的将来意味着上帝不能被设想为一个完满的对象化的存在。在潘能伯格眼中，《圣经》中的上帝就是须要不断证实自身是上帝的上帝。这一证实是借着上帝对于被造的统治来彰显的，如果上帝不能证实自身对于世界的统治，那么他就不是上帝。但是，上帝对于自己主权和统治的证实关乎终末之未来，因为只有在终末的未来，上帝的统治才完全实现。潘能伯格声称："作为将来的权力（*Macht der Zukunft*），上帝是非物（*kein Ding*），是非现成的对象（*kein vorhandener Gegenstand*）。"[4]

这里潘能伯格突出的一点在于上帝的存在以及上帝的神性在于上帝的统治，上帝统治的完全实现在于终末的将来，故而上帝被称作"将来的权力"（*Macht der Zukunft*）。虽然世界的存在并非上帝存在的必要条件，但是潘能伯格认为一旦世界被造，上帝对于世界的统治便是其神性的必要条件。上帝必须不断证实自身对于世界的统治，不能够如此证实的上帝便不是上帝。

## 第二节、《系统神学》中三位一体的上帝论[5]

潘能伯格神学的特色之一是对于神学方法论的重视，前期为自下而上（即人类学—历史）的方法论，后期为以自下而上为补充的自上而下（即基督教教义学）的方法论，以此分别对应于基本神学和系统神学。[6]后期神学的代表

---

2 Wolfhart Pannenberg.Theology and the Kingdom of God [M]. trans.R.J.Neuhaus. Westminster Press, 1969.55.

3 Wolfhart Pannenberg.Theology and the Kingdom of God [M]. trans.R.J.Neuhaus. Westminster Press, 1969.56.

4 Wolfhart Pannenberg.Grundfragen Systematischer Theologie [M]. Göttingen: Vandenhoeck & Ruprecht, 1967.393.

5 该节以《潘能伯格三一上帝论及其对巴特主体性三一论的批判》,《道风：基督教文化评论》（A & HCI, R & TA）, No.39，2013 年秋。

6 基本神学（Fundamentaltheologie, 一译基础神学）指探讨基督教信仰之基本要素的

作品是三卷《系统神学》（1988-1993），特色在于以三位一体的上帝论（以下简称三一上帝论）为基本构架来统调基督教教义学的各个部分，同时以三位一体论（以下简称三一论）为起点来解决传统的关于上帝的存在、本质以及属性的一般上帝论（general doctrine of God）的问题。因而，三一上帝论（包括三一论和一般上帝论）是把握潘能伯格后期神学，乃至作为其神学总结的三卷《系统神学》的一个关节点所在。[7]本节就潘能伯格《系统神学》中三一论所批判的对象、出发点、根基、模态等根本性的问题展开论述，最后将这些神学问题放在当代三一神学的历史与现状的背景下予以思考，就潘能伯格对于黑格尔奠基于上帝的主体性的三一论的反叛的理由进行深入考察以及对作为诸位格的统一之基础的"父的王权"这一概念进行反思。

## 一、转向三一论与对黑格尔—巴特主体三一论的批判

在《上帝在历史中的临在》（God's Presence in History, 1980）一文中，潘能伯格坦言："近年来，上帝论在我的思想中越来越成形。然而，早些年间对我而言，上帝是未知的上帝。上帝只是通过耶稣基督来接近我们，并且我们也只能'自下而上的'在耶稣基督身上来接近上帝……今天，对于发展关于上帝的教义以及在此视角下来处理基督教教义学的各主题，我更为有信心。关于上帝的教义将会比我所知的任何实例都更加彻底地关乎三位一体。多年来我一直认为上帝论构成了基督教神学最终的任务，尽管神学中的一切显然都跟上帝有关。因而，呈现上帝论的适宜的方式将会是一种基督教系统神学的方式。"[8]所谓关于上帝的教义更加彻底地关乎三位一体，是指不同于

---

神学，是处于教义之前的一种预备性阶段的神学。它与启示神学相对，又称哲理神学。基本神学在现代神学史上的发展侧重于阐述启示的形式，在神学与哲学、语言学、历史学以及人类学等世俗科学之间展开对话。一方面从外部世俗科学的角度检验神学之可能性的条件；另一方面，从神学内部考察自身与世俗科学进行对话的条件。出于人类学在当代人文学科中的基础与综合性的地位，潘能伯格将其神学人类学称作一种基本神学，关于这一点在本文第二章有所论述。笔者认为若从神学的进路、方法论以及问题关切等角度来定位，潘能伯格前期神学无论是启示论、基督论、人论还是上帝论都表现出了一种基本神学的特色。

7 在《系统神学》（1988-1993）完成之后，潘能伯格又出版了三部大部头的作品《神学与哲学》（1996）、《对系统神学的贡献》（三卷，1999-2000）以及《对伦理学的贡献》（2004）。其中《神学与哲学》是他80、90年代在慕尼黑大学定期授演的手稿，中译本由李秋零翻译，道风书社2006年出版。

8 Wolfhart Pannenberg. God's Presence in History [J], Christian Century, March 11, 1981.260-263.

其前期（60、70 年代）以人类学的——历史的进路来处理人论和基督论的主题，比如《人是什么？》（1962）、《基督论的基本特征》（1964），而是转而以三一论的进路来解决传统上帝论的问题。

以 80 年代末开始的三卷《系统神学》为代表的潘能伯格后期神学，其主要特色在于三一论旨趣的日益加深，进而以三位一体的上帝观念来统握系统神学中的各个主题。潘能伯格按照他的上述设想，在系统神学的形式下将上帝论关联于三一论。其实，与他早年"人类学——历史的"（自下而上）方法相对，该三一论（自上而下）的转向在 70 年代后半叶的几篇关于上帝论与三一论的论文中已初见端倪。这几篇论文包括《位格与主体》（Person und Subjekt,1976）、《上帝的主体性与三位一体论——论卡尔·巴特与黑格尔哲学的关系》（Die Subjektivität Gottes und die Trinitätslehre,1977）和《历史的上帝》（Der Gott der Geschichte, 1977），都收录于《系统神学的根本问题》卷二（Grundfragen systematischer Theologie）。[9]潘能伯格这一时期的主要焦点是反对黑格尔—巴特的奠基于上帝的主体性（Subjektivität Gottes）的三位一体观，即将上帝设想为主体，从主体概念以及主体的自我展开出发来建构三一论。潘能伯格将这一批判延续到《系统神学》卷一之中。

黑格尔从上帝是精神、主体的概念出发，阐述属神生命的三一结构——绝对精神的自我展开的逻辑必然性。上帝被设想为主体，是在自身的"他物"之中必然的自我运动和自我展开的主体。黑格尔认为上帝是精神，是主体，是"纯粹活动"或"纯粹实现"（actus purus）[10]。主体在必然的自我区分的同时又保持着从本质上是其自身。基督教三位一体的教义表达的是绝对精神

---

9　Wolfhart Pannenberg. Grundfragen systematischer Theologie [M]. Bd.2. Göttingen: Vandenhoeck & Ruprecht, 1980.<上帝的主体性与三位一体论>一文的中译文载于《现代语境中的三一论》，汉语基督教文化研究所出版，2000 年.179-200.中译文说《上帝的主体性与三位一体论》载于《系统神学的根本问题》卷一，1967 年。但是该文章并没有被收录于《系统神学的根本问题》卷一（1967），而是被收录于《系统神学的根本问题》卷二（1980）。潘能伯格在《系统神学》卷一（1988）中也表明该文章出自《系统神学的根本问题》卷二，关于这一点可查考 Systematische Theologie. Bd.1. Göttingen: Vandenhoeck & Ruprecht, 1988.322. 注释 128.

10　actus purus: 经院哲学中用来表示上帝的绝对完满（absolute perfection）的术语。在有限存在者中，我们可以区分现实（actuality）与潜在（potentiality）。但是，上帝是现实与潜在的统一。actus purus，意指不包含任何不完满性的实在以及纯粹存在的自我同一性。参考《神学词语汇编》，辅仁神学著作编译会，2007 年。《宗教哲学》（下），黑格尔著，魏庆征译，译注，中国社会出版社，2005 年.816.

自身据以充分表现在历史中的那种实际辩证过程，这一过程包含三个环节、要素或者三个王国。具体而言，第一阶段，在永恒之中、创世之前、外在于世界的自在自为的上帝。这是永恒的理念，是在自身之内在并呈现于自身的，是普遍性，是内在的三位一体，是圣父的王国（das Reich des Vaters）。第二阶段，在意识和表象的要素中的上帝的永恒理念，这是理念的自我区分（Selbstunterscheidung），是为他物的存在，是特殊性，是圣子的王国（das Reich des Sohnes）。第三阶段，在团契（Gemeinde，或译作"社团"）的要素中的永恒理念，这是与自身相区分的精神与自身的和解，是绝对的个体性，是圣灵的王国（das Reich des Geistes）。[11]黑格尔通过绝对精神的同一、分化和复归的辩证运动的过程对于基督教传统的三位一体教义的合理性予以解释。

潘能伯格认为黑格尔的主要问题在于将基督教的上帝过渡地等同于他自己所建构的精神哲学中的绝对精神。黑格尔将上帝描述为绝对精神自我展开与自我运动的过程，在自我运动的过程之中上帝才成为真正的上帝自身。在黑格尔那里，三位一体或神圣三一生命是上帝必然的自我运动和自我展开，其前提是作为主体的上帝的实在（Wirklichkeit Gottes/Reality of God），或上帝的实在。关于潘能伯格反对将上帝的实在理解为绝对主体，其背后深层的哲学和神学依据在后文中我们会探讨。在此，潘能伯格认为在黑格尔的体系中，只有从作为主体的上帝的实在这一前提出发，上帝的自我展开才可以被理解为是从其主体性中得出的必然的自我展开，这便是神圣的三一生命或曰绝对精神自我运动的三个王国。那么，主体的概念必然要被设想为先行于主体的自我展开，唯有从主体的概念出发，才能产生出必然的自我区分与自我运动。黑格尔是由主体的必然的自我展开来构建基督教的三位一体论。正是上帝的主体性先行于上帝的自我展开，这里便将有限的思想规定——即原因与结果的相继性——纳入了上帝的绝对实在之中。那么，黑格尔便是让上帝的实在屈从于人的思维和人的意识的规定。潘能伯格赞同由米勒（J.Müller）在《关于罪的基督教学说》（1838）中所提出的对黑格尔关于神性本质必然的自我展开的观念的批判，即黑格尔将逻辑必然性强加给了上帝的实在和上帝的自我展开过程。但是，潘能伯格认为该批判的合理之处并不在于黑格尔借助人的思维或人的意识活动来设想上帝，而是在黑格尔那里这种情况是如何发生

---

11 G. W. F.Hegel. Letures on the Philosophy of Religion [M], vol.3.trans.Speirs and Sanderson.London, 1895.1-134.

的。换言之，对于黑格尔的这一批判的关节点恰恰是既定的，即黑格尔通过绝对主体自我展开的过程把人的思维规定的有限性投射进入了上帝的绝对实在和神圣的三一生命之中。[12]

卡尔·巴特（Karl Barth, 1886-1968）将三位一体理解为上帝在其启示中的主体性问题，将三一论奠基于上帝作为自我启示的主体，从自我启示概念的内在逻辑的基础上发展出三一论。在《教会教义学》卷一第一部，巴特提出必须把上帝理解为主（Kyrios），理解为完全的纯粹位格，即"自在自为地存在着的自我"。[13] "上帝启示自身为主"，这是三一论的"根"。上帝在启示中自我区分为启示者、被启示者和启示这三种"存在方式"（Seinsweisen/modes of being）。换言之，在自我启示这一概念中，可以区分出主词、宾词和谓词。巴特追随深受黑格尔影响的思辨神学代表多尔纳（I.A.Dorner, 1839-1881），声称三位一体的上帝的统一（Einheit）可被理解为一个"思维着和意欲着的自我的统一"。[14]巴特拒斥黑格尔从主体概念中引伸出三位一体以及神性自我展开的必然性，因为这样便是以一种人能够洞见的必然性来取代上帝的自由以及启示的奥秘（Geheimnis der Offenbarung/mystery of revelation）。然而，潘能伯格认为巴特的这一拒斥是模棱两可的，因为巴特以"上帝启示自身为主"作为三一论的根源，即从自我启示的上帝的主体性出发来建构三一论，这一进路仍是黑格尔思辨唯心主义的进路。因为启示者、被启示者和启示这三种"存在方式"可以被被理解为主体自我展开的诸环节，这里所涉及的仍是作为主体的上帝在其启示行动中的自我客体化。那么，先前对于黑格尔的批判，即将有限的思想规定纳入无限的上帝的实在之中，便同样适应于巴特。[15]

潘能伯格认为黑格尔—巴特的三一论是从精神或主体概念引伸出神圣的三一生命，神圣三一生命处于上帝的永恒本质之中，是"内在的三位一体"。这一进路可以上溯到奥古斯丁（Augustine, 354-430）的心灵三一论，经由经院哲学的发展，在近代的一神论（Theismus/theism）中达致高峰。然而，内在三

---

12 Wolfhart Pannenberg. Grundfragen systematischer Theologie [M]. Bd.2. Göttingen: Vandenhoeck & Ruprecht, 1980.97-108.

13 Karl Barth. Kirchliche Dogmatik [M]. Bd. I/1. München:Chr. Kaiser Verlag, 1932.378.

14 Karl Barth. Kirchliche Dogmatik [M]. Bd. I/1. München:Chr. Kaiser Verlag, 1932.378.

15 Wolfhart Pannenberg. Grundfragen systematischer Theologie [M]. Bd.2. Göttingen: Vandenhoeck & Ruprecht, 1980.98-108.

一论越来越被证明是一条歧路。在此，他引证了另一位当代新教神学家莫尔特曼（Jürgen Moltmann, 1926-）出于十架神学以及经世三一论中位格的区分而对奥古斯丁—巴特的内在三一论的反对。潘能伯格将把唯一的神圣本质理解为自我意识意义上的位格这一思想判定为基督教有神论的异端，其中唯一的神圣本质是西方传统的内在三一论中处理诸位格统一性的根基。因为，这实际上是人的自我的投射，是从有限的思维向无限的上帝的实在的"跳跃"或"扭转"。上帝的至上性不能从他的主体性出发得以论证，同时三位一体论也不是超越世界的主体性的自我展开。[16] 笔者认为西方教会传统的内在三一论与德国观念论之间的暧昧关系，是潘能伯格反对黑格尔—巴特的主体三一论以及力图矫正传统内在三一论的深层原因，关于这一点后文再叙。

当代巴特学者詹逊（Robert W. Jenson）声称："事实上，二十世纪神学由巴特身上学到三一教义对整体神学来说，具有说明与规范的功用。三一论不是一个分离的谜团，而是所有神学之谜均藉以陈明的架构。"[17]对于潘能伯格的三卷《系统神学》而言，情况确实如此，这是他从前辈那里继承的神学品性，而他自己将这一传统上溯到了黑格尔，甚至更早的启蒙思想家莱辛（G.H.Lessing, 1729-1781）。三一论为潘能伯格系统神学中各个教义问题的展开提供了一个基本的架构，尤其是他运用三一论作为解决传统上帝论中一些有争议的问题的新进路。在介绍《系统神学》卷一（1988）中的三位一体的上帝论之前，我们还要讨论潘能伯格在《三位一体的上帝论中的问题》（Probleme einer trinitarischen Gotteslehre, 1987）一文中的思想，这篇论文被视作他的神学 magnum opus（"巨著"）中关于三一上帝论问题的导论部分。[18]

潘能伯格声称在最近几十年中，三一论在关于上帝之观念的神学探讨中扮演着越发活跃的角色。在 20 世纪，三一论的复兴跟对于将上帝理解为最高实体或绝对主体的传统上帝论的批判有关，而后者又是在当代哲学中的反形而上学的背景下发生的。潘能伯格论述到："相当多的当代神学家，虽然他

16 Wolfhart Pannenberg. Grundfragen systematischer Theologie [M]. Bd.2. Göttingen: Vandenhoeck & Ruprecht, 1980.98,110-111.

17 现代神学家[G]. 福特编，董江阳、陈佐人译，汉语基督教文化研究所出版，2005. 39-40.

18 Christiaan Mostert. God and The Future: Wolfhart Pannenberg's Eschatological Doctrine of God [M]. London・New York: T. & T. Clark, 2002. 201. Wolfhart Pannenberg. Probleme einer trinitarischen Gotteslehre[G], Weisheit Gottes—Weisheit der Welt, Bd.1. edit. W. Baier. German: EOS Verlag, 1987.329-334.

们很难在其它问题上达成一致，但是他们对于以下问题则是一致赞成的，即将三一论视作基督教神学可以建设性地利用关于上帝之观念的反形而上学的和无神论的批判的无尽源泉。"[19]他简要追溯了中世纪以来关于三一论与一般上帝论（general doctrine of God）关系的神学脉络。在拉丁经院哲学兴盛时期和早期新教的教义学中，探讨独一上帝、上帝的存在、本质及其属性的一般上帝论要优先于三一论。在此，在与一般上帝论之关系中，三一论被视作一般上帝论的附属品。启蒙运动时期的神学家将三一论视作自然神学（natürlich Theologie/natural theology）的附加物，他们认为自然神学可以与耶稣的教导以及耶稣本人对于上帝的单纯信仰相协调，但是很难与三一论相协调。因为，前者可以得到启蒙运动所坚持的人类自然理性的辩护，而后者则不能。正如德国启蒙思想家莱辛所言，人们相信耶稣基督的教导并不在于耶稣作为圣子上帝或是耶稣所行的神迹，而是在于耶稣的教导本身是合理的 。直到 19 世纪受到谢林和黑格尔哲学影响的思辨神学兴起时，三一论才再次成为基督教的核心教义。

在 20 世纪西方神学史中复兴三一论的开山人物是卡尔·巴特，他承接的是思辨神学的传统，尤其是受到 19 世纪中后期神学家多尔纳（I.A.Dorner, 1839-1881）的影响。巴特将三一论作为他的启示神学（Offenbarungstheologie/theology of revelation）进路的基础，在此启示必须被严格地限定为关于上帝的自我启示。他将三一论表述为"上帝在他的启示中的主体性"。在巴特那里，三一论不再被视作对于传统的上帝观的反形而上学批判的一种解答，而是基督教的上帝观念的根基，并且三一论综合地呈现出了上帝在耶稣基督身上的自我启示。巴特试图扭转经院哲学后期以降三一论作为一般上帝论附属品的地位，并将这一关系颠覆过来。三一论的被忽视尤其在 19 世纪新教新学家施莱尔马赫的神学中被清晰地表现了出来。在施莱尔马赫后期的代表性作品《基督教信仰》（1821）中，三一论被置于该书的末尾，且篇幅短小，几乎可以被视作一个附录。[20]施莱尔马赫是出于对宗教经验的强调而忽视了三一论，因为三一论是不可能从人的宗教经验中直接地被推导出来。然而在巴特那里，三一论不再被视作一般上帝论的单纯附庸，而是作为启示论的构成要素优先于

---

19 Wolfhart Pannenberg. Problems of a Trinitarian Doctrine of God [J]. Dialog 26.4, Fall 1987.250.

20 Schleiermacher,Friedrich. The Christian Faith [M]. edit. H.R. Mackintosh and J.S. Srewart. Philadelphia: Fotress Press, 1928.738-751.

一般上帝论而展开。那么，一般上帝论便是在三位一体的上帝论（即三一论）框架下的一种展开。换言之，三一论为一般上帝论提供了一个基本的结构与框架，这是巴特对于 20 世纪神学的贡献之一。

## 二、三一论的根基与出发点：上帝在耶稣基督身上的历史性的启示

在《系统神学》卷一关于三位一体的上帝这一部分之中，潘能伯格沿袭 70 年代后期转向三一论的思路，探讨三一论在教义学中的地位、三一论的出发点和根基、三一关系的具体模态以及诸位格的统一等问题。

首先，潘能伯格追溯了中世纪中后期以降三一论在基督教神学以及宗教改革神学（Reformation theology）中逐渐沦为一般上帝论的附属品的历史。进而，他肯定了黑格尔在思辨哲学体系中，将上帝理解为绝对精神，通过绝对精神的同一、分化和复归的运动过程来发展三一论，恢复了三一论在系统神学中的核心地位和价值。从精神（Geist）或自我意识（Selbstbewusstsein）的概念出发来理解三位一体的上帝，这一进路可以上溯至 18 世纪德国启蒙思想家莱辛。在《人类教育》（1780）一书中，他提出基督教三一论的根基在于精神概念，三一论被设想为上帝的自我理解在自我意识中的表达。在德国观念论（Idealismus）的传统下，从自我意识的基础上来论证基督教三一论的合理性，这一传统肇始于莱辛，在黑格尔的思辨哲学中达致顶峰。

随后，20 世纪基督教新教神学家巴特在对黑格尔思辨哲学予以批判和继承的基础上重新思考三一论。他在解决三一论与一般上帝论的关系问题上所做的贡献，受到潘能伯格的肯定和赞赏。因为，倘若没有了关于三位一体的教义，耶稣基督的神性问题便丧失了根基和具体内容。在后一情形下，耶稣不过是人类历史上一个被"神明附体"的人，教会也不过是深受耶稣其人影响的一般的人类团体。对三一论沦为一般上帝论的附属品的回应，潘能伯格是如此肯定巴特的神学贡献的："在 20 世纪神学中，巴特首先充分清晰地看到了这一问题的症结所在。在《教会教义学》中，巴特的特殊贡献在于对教义学结构中三一论的地位的系统意义予以思考。尽管，他将三一论置于导论而不是上帝论的部分，这并非一种实质上令人满意的解答。然而，巴特将对三一论的处理关联于对启示的讨论之中，并先于上帝的本质和属性的教义，这一点是值得赞赏的。因为它回答了在耶稣基督身上启示自身的上帝是谁的

问题。" 21

但是，潘能伯格认为黑格尔—巴特三一论的前提是非基督教的主体这一概念。上帝的实在被理解为绝对主体或是自我启示的主体，神圣生命中的三个位格（*hypostase*）被还原为主体的三种不同的"存在方式"（Seinsweisen/ modes of being）。黑格尔—巴特的主体性三位一体论可以被上溯至以奥古斯丁为代表的内在三一论的传统下。在奥古斯丁那里，通过心理三一的类比（psychologische Trinitätsanalogien），在自我意识的区分（Unterscheidung/ distinction）过程之中，上帝被理解为单一的神圣主体，三位一体被理解为神圣主体的各个环节（moments）的统一。然而，自我意识的诸环节——在此被理解为诸位格——并不具备自身的主体性。潘能伯格认为肇始于单一的神圣主体或神圣本质的内在三一论的弊病在于：忽视了神圣三一生命中的位格的多元性与多重性（pluraity）。如果将诸位格理解为自我意识之区分的诸环节，三位一体是在单一主体之内的诸环节的统一，那么这种奠基于主体性之上的内在三一论最终被判定为是一种非基督教三位一体的独一神论（nichttrinitarischen Monotheismus/ nontrinitarian monotheism）。22

在此，我们要对独一神论的历史以及潘能伯格将以奥古斯丁为代表的内在三一论最终判定为非基督教三位一体的独一神论的理由进行说明。Monotheism 一词源于希腊文 *monas*（意为"单子"）以及 *theos*（意为"神、神明"），指犹太教、基督宗教和伊斯兰教所共有的主张，即相信有一位超越世界、有位格的至高神，作为一切存在者的本原和根基，而其自身却是自存的和无起源的。独一神论强调至高神的独特性和独一无二（*monos*）。早期基督教历史中出现的独一神论包括阿里乌主义（Aianism）和撒伯里乌主义（Sabellianism）。阿里乌主义因其倡导者阿里乌（Arius，约 250-336）而得名，强调上帝的独一无二性，上帝是"没有开端的绝对的一"；认为圣子不是上帝，圣子与圣父并非同性、同体，而是从属于圣父的，圣子是受造物；圣灵比圣子更低一个等级。上帝是一个神圣的单子，随着圣子的产生便出现了二合一，随着圣灵的产生便出现了三合一。因此，三合一不是永恒的，但首先

---

21 Wolfhart Pannenberg. SystematicTheology [M]. vol.1. trans. Geoffrey W. Bromiley. Grand Rapids: William B. Eerdmans, 1991.300.

22 Wolfhart Pannenberg. SystematicTheology [M]. vol.1. trans. Geoffrey W. Bromiley. Grand Rapids: William B. Eerdmans, 1991.295-296. Systematische Theologie [M]. Bd.1. Göttingen: Vandenhoeck & Ruprecht, 1988.320-322.

有一个单子。[23]公元 325 年尼西亚公会议以反对基督教的三位一体教义为由将其定为异端。撒伯里乌主义兴起于公元 3 世纪初，认为独一上帝在他的启示历史和救赎历史中，采取了三种形式：在父的形式里，他向我们显现为创造者和赐予律法者；在子的形式里，他向我们显现为救赎者；在圣灵的形式里，他向我们显现为生命的赐予者。父、子和灵是独一上帝的三个显现形式或模态。然而，这个独一上帝自身作为绝对的一乃是不可知的。[24]

当代德国新教神学家莫尔特曼认为独一神论与神格唯一论或专权论（Monarchianism）是一体两面的：一是多的原则与集合点，一是多的尺度。严格的独一神论使得基督的神性成为不可能的，基督要么被视作先知，让位给独一上帝；要么消融于独一上帝之中，成为后者的一个现身或现象（Enscheinungen）。莫尔特曼进而指出这种独一神论的专权论乃是一种魅惑人的宗教政治意识形态。因为它是普遍、齐一化的宗教背后的根本观念，即相信一个上帝——一个逻各斯——一个人性。罗马的世俗统治者就是天上的普世统治者在人间的代表。[25]笔者认为潘能伯格将以奥古斯丁为代表的内在三一论最终划定为独一神论乃是在于两者之间存在着暧昧的亲缘关系，内在三一论与独一神论有着共同的起点与根基——单一的、排他的主体。内在三一论以单一的神圣本质或神圣主体为根基，将诸位格视作该主体的不同表现方式或环节。潘氏将其称作关于"上帝主体性的内在分化的隐喻"。[26]同样，独一神论坚持的是作为单一的、排他的唯一者的上帝，。在被视作基督教正统的内在三一论与被视作基督教异端的反三一论的独一神论之间存在着这样的暧昧关系，奠基于主体或自我意识之上的内在三一论是弱化了的独一神论。20世纪前期，巴特借助于黑格尔主体哲学的思想资源，观念与自身的关系被置换为上帝与自身的关系，绝对精神同一、分化与复归的关系被置换为在自我启示中启示者、被启示者与启示自身的关系。这掀起了基督教三一论和三一神学复兴的浪潮，使得三一论重新成为 20 世纪神学的核心关注而不再沦为一般上帝论的附庸。20 世纪中后期，伴随着对于西方传统的主体哲学与实体哲学的反叛这一潮流，神学界开始了对于巴特奠基于德国观念论传统上的主体

---

23 帕利坎.基督教传统——大公传统的形成 [M]. 翁绍军译.道风书社, 2002.278.

24 莫尔特曼.三一与上帝国：论上帝的教义 [M]. 周伟驰译.道风书社, 2007.188.

25 莫尔特曼.三一与上帝国：论上帝的教义 [M]. 周伟驰译.道风书社, 2007.182.

26 潘能伯格.上帝的主体性与三位一体论 [J]. 现代语境中的三一论,汉语基督教文化研究所出版, 2000.196.

三一论的批判，进而是对于西方传统上的以奥古斯丁为代表的内在三一论的所暴露出的问题进行反省。

如果不以神圣主体或神圣本质作为基督教三一论的根基，那么三一论的根基为何呢？潘能伯格声称："为了寻找三一论的根基，我们必须开始于启示事件（Offenbarungsgeschehen/event of revelation）中父、子、灵显现以及彼此相关的方式。"[27]换言之，三一论的根基不在于上帝的主体性之中，而是在上帝在耶稣基督身上的启示之中，在救赎之经世（Heilsökonomie/economy of salvation）之中。[28]这是潘能伯格三位一体论的第一条原则：三位一体论的根基不在于作为精神或者主体的上帝之观念中——潘能伯格将其称作前三位一体的（pre-trinitarian）上帝之观念——而在于上帝在耶稣基督身上的自我启示之中。

以自我启示作为三一论的根基，潘能伯格继承巴特开辟的将三一论关联于启示论的神学思想，但是他摒弃了巴特以启示的形式概念（formalen Begriff der Offenbarung/formal concept of revelation）出发来探讨三一论的进路。潘能伯格如此论述："（然而事实上，）《教会教义学》并非从作为父、子、灵的上帝的历史启示的被给予性出发，而是从作为自我启示的启示的形式概念出发来发展三位一体的上帝思想。"[29]作为自我启示的启示之形式概念伴随着的是启示的主体、客体和启示自身。因为启示的主体是独一的，那么三一论不过是上帝的主体性在其启示中的展现。如果不是从启示的形式概念出发来建构三一论，那么便只能是从启示的内容出发，即上帝在耶稣基督身上的历史性的启示——"启示事件中，父、子、灵显现以及彼此相关的方式"。这是潘能伯格所选择的经世的三位一体的进路。

## 三、神圣位格的相互区分与统一

在批评将三一论奠基于启示的形式概念的基础上，潘能伯格提出三一论

27 Wolfhart Pannenberg. SystematicTheology [M]. vol.1. trans. Geoffrey W. Bromiley. Grand Rapids: William B. Eerdmans, 1991.299. Systematische Theologie [M]. Bd.1. Göttingen: Vandenhoeck & Ruprecht, 1988.325.

28 Wolfhart Pannenberg.Systematische Theologie [M]. Bd.1. Göttingen: Vandenhoeck & Ruprecht, 1988.325.

29 Wolfhart Pannenberg.Systematische Theologie [M]. Bd.1. Göttingen: Vandenhoeck & Ruprecht, 1988.322. "...nicht aus den Gegebenheiten der geschichtlichen Offenbarung Gottes als Vater, Sohn und Geist, sondern aus dem formalen *Begriff* der Offenbarung als Selbstoffenbarung..."

必须发端于启示的内容。他论述到："为了将三一论奠基于上帝在耶稣基督身上的启示的内容之上，我们必须从耶稣与父的关系开始，这一关系表现在耶稣关于神圣统治的信息之中。《新约》关于耶稣之神性的陈述都预设了他神圣的儿子身份，并且最终奠基于他与父的关系之上。"[30]子耶稣既区分（Unterscheiden）于父，又关联于父。对子与父的关系的理解是将三一生命中的灵理解为第二位格的前提——灵区分于父和子，同时又处于跟父和子的团契（fellowship）之中。因而，潘能伯格认为三一论的起点在于子与父的关系以及自我区分（Selbstunterscheidung/self-distinction）。

在传统三一论中，自我区分是指三一生命中的第二位格和第三位格生发于父，即子从父而"产生"（*generatio*），以及圣灵由圣父而"激发"（*spiratio*）。在此，首要强调的是父这一神圣位格的优先性。潘能伯格回顾了早期基督教教父围绕着三位一体论的论战。他如此评述："一方面，是子从父的自我区分，另一方面是灵从父的自我区分，这构成了神性的三重区分这一命题的基础。随后我们会谈到亚大纳西（Athanasius）和加帕多西亚教父（Cappadocians）不沿袭这一思路的理由。在跟阿里乌派（Arian）的论战之中，没有人会否认三个位格的区分。问题是如何界定他们与父的神性的统一。"[31]在此，潘能伯格反对的是以单向度地从父生发（begetting）来界定三位格的区分与统一，他坚持以相互的自我区分（reciprocal Self-Distinction）来说明三一关系的多元特性。在《系统神学》卷一的一处注释之中，潘能伯格谈到了他所使用的自我区分概念与传统的三位一体论中自我区分概念的不同。他如此论述："'自我区分'这一术语早在 19 世纪就已经出现于三位一体神学之中，但通常是在第二和第三神圣位格生发于父的意义上所使用的。然而，当我们从子从父的自我区分开始时，我们可以在不同的意义上使用这一术语，即令自身区分于他者的那一位同时又将自身界定为依赖于他者。"[32]

在此，潘能伯格是在黑格尔精神哲学的背景下，对于传统的从生发关系的角度来理解的自我区分概念进行了重新的界定与阐释。潘能伯格认为根据黑格

[30] Wolfhart Pannenberg. SystematicTheology [M]. vol.1. trans. Geoffrey W. Bromiley. Grand Rapids: William B. Eerdmans, 1991.304.

[31] Wolfhart Pannenberg. SystematicTheology [M]. vol.1. trans. Geoffrey W. Bromiley. Grand Rapids: William B. Eerdmans, 1991.272.

32 Wolfhart Pannenberg. SystematicTheology [M]. vol.1. trans. Geoffrey W. Bromiley. Grand Rapids: William B. Eerdmans, 1991.313.

尔的观点，位格是主体的概念要以三个三位一体的"位格"为基础，这三个位格中的每一个都必须通过在其他位格中与自身同在而实现自己的位格性（Personalität）。他追溯了黑格尔从《精神现象学》到《宗教哲学演讲录》中关于这一思想的发展。在《精神现象学》中，绝对者被设想为主体，从而是有位格的，虽然在此仍缺少三位一体内部的位格差异。主体被理解为在自身的他物中与自身同在。在《宗教哲学演讲录》中，黑格尔试图阐明从绝对者的主体性向绝对者内部诸位格的多重性的演变，以及在自身的他物中与自身同在的主体结构。潘能伯格认为在阐述如何在诸位格的相互关系中获得具体品格时，黑格尔已经提出了一个超越了他自己的主体哲学的思想，即诸位格的身份或同一性（Identität）是从那些事后地被称之为"位格"的东西的相互关系中建构起来的。潘能伯格将此处视作黑格尔思想中的张力，已经超出了他自己所谓的绝对者即主体的概念，应该予以开放性的阐发。在此基础上，潘能伯格提出位格性（Personalität/personality）不是从自身出发来拥有自我。自我之所以是位格，恰恰是出自于一种超越自我的生命内容。[33]这一原则在潘能伯格基本神学人论（fundamental theological anthropology）部分是以人的向世界敞开性以及向上帝敞开性等概念来表达。潘能伯格区分了基督教教义中的位格性（Personalität/personality）与哲学中的主体性（Subjektivität）两个概念。在黑格尔那里，主体是确知自己本身的自我，在自身的他物之中保持与自身的同在。主体在自身的他物之中认识到自身的表现，从而认识到它自身。但是，主体性并不是通过他物而获得的。相反，位格并不先行居有它的自我。位格性不是从自身出发来拥有自我的，位格性是出自于一种超越于它自身的生命内容。具体而言，耶稣之所以是位格，恰恰在于他那来自父的宣告和传扬上帝统治临近的使命。从耶稣对于父和对自身的使命的奉献之中，耶稣拥有了他作为子的位格性。潘能伯格认为位格性在于超越自我的生命内容，这一原则在三位一体的诸位格身上原初性的、典型性的表现出来。换言之，三位一体诸位格中的每一位都是以自身与其他两个位格的关系为中介才拥有其位格性。

在此，潘能伯格的核心要点在于强调相互的依赖或依存关系是位格的自我区分概念的一个必要环节或要素。由此可见，潘能伯格虽然也使用"自我

---

33 Wolfhart Pannenberg. Grundfragen systematischer Theologie [M]. Bd.2. Göttingen: Vandenhoeck & Ruprecht, 1980.109. <上帝的主体性与三位一体论>[J],李秋零译.《现代语境中的三一论》,汉语基督教文化研究所出版, 2000 年. 196.

区分"这个概念，但他是在对黑格尔的精神哲学有所发挥的基础上加以运用。然而，潘能伯格与黑格尔的不同则更为明显与突出。潘能伯格不是在黑格尔的上帝作为绝对主体的概念与主体之自我运动的逻辑必然性的基础上来谈论三位一体中诸位格的区分，而是父、子、灵在救赎之经世中的相互依存的区分。因为在黑格尔那里，三位一体仍然是观念自身与自身之间的关系。潘能伯格不是从绝对主体的同一性出发，而是从救赎经世中所显现出来的父、子、灵的区分与依存关系出发，目的就是要打破黑格尔那里封闭的观念自身与自身的关系，试图将观念予以现实化。

具体而言，潘能伯格是如此展开三一关系的具体模态，即父、子、灵相互的自我区分。首先，潘能伯格开始于耶稣从父的自我区分，因为历史的耶稣与他所称作父的那一位之间的关系是神圣三一生命中其它关系的根基。潘能伯格论述到："耶稣通过清楚地使自身区分于父，像父的被造物那样服从于父的意志，通过让位于父的神性宣告正如在他关于神圣统治（lordship）的宣讲信息中对其他人也如此要求的那样，耶稣显明了自己就是上帝的儿子，与差遣他来的父原为一（约 10: 30）。"[34]潘能伯格表明在耶稣从父的自我区分之中——即耶稣对于父的绝对服从以及耶稣的自我弃绝（self-abandonment），显明了耶稣作为三位一体中的第二位格，作为上帝的儿子身份，显明了耶稣与上帝的统一。在《系统神学》卷二（1991）的基督论部分，潘能伯格从耶稣的历史与天命出发，并将这一历史与天命解释为根源于子从父的自我区分，从而证明了耶稣的神性与永恒圣子的身份。在此，耶稣的历史是指从《旧约》预言所指向的拿撒勒人耶稣的生命整体，耶稣的天命是指耶稣的被钉十字架与复活事件。我们可以发现《系统神学》卷一与卷二的神学进路基本一致，以此也证明了我们先前的判断，即潘能伯格是以三一上帝论作为系统神学的基本构架，在三一上帝论的背景下来考察基督教教义学的各个主题和部分。

在整体论的背景下，潘能伯格通过耶稣的历史整体——即耶稣的出生、事工、关于上帝的统治与上帝之国来临的宣讲、关于上帝所赐予他的主权的宣告、耶稣的受难与复活，在耶稣的历史整体中显明了耶稣对于父的神性的服从，以此来显明耶稣作为上帝的儿子身份，即三位一体中的第二位格。耶稣从父的自我区分，即通过他对于上帝的意志的完全服从和自身的绝对弃

---

34 Wolfhart Pannenberg. SystematicTheology [M]. vol.1. trans. Geoffrey W. Bromiley. Grand Rapids: William B. Eerdmans, 1991.310.

绝，为上帝的行动和上帝之国的来临留有空间，从而证明了他是三位一体中的第二位格。潘能伯格如此论述到："只有对应于子，我们才可以说子使自身相区分的另一位格即父，对子而言是独一的上帝，并且子自己的神性就奠基于他使自身服从于父的神性这一事实之上。"[35]

如果子的位格性和神性在于他自我区分于父，那么我们是否也可以反问父的位格性和神性乃是在于他自我区分于子？在传统三一论的背景下，答案是否定的，因为神圣三一生命的关系是单向度的生成（begetting）关系，唯独父被视作是没有本原或起始的（anarchos），父的神性是子和灵的神性的本原，因而在三一位格的序列之中，父是第一位的。然而，在潘能伯格所坚持的父、子、灵的相互的自我区分以及神圣三一生命诸位格的多元性的背景下，答案则必然是肯定的。潘能伯格首先引证了早期教父亚大纳西对阿里乌派的反对，亚大纳西坚持倘若没有子，父将不会是父。他如此论述："那难道不意味着在某种意义上父的神性仍要依赖于父跟子的关系吗？尽管这与子的神性依赖于子跟父的关系的方式不尽相同。父不是从子而生，也不被子差遣。这些关系是不可逆转的。然而，在'父'这一称呼中所表现出的父亲身份的相对性可以深刻显明出父对于子的依赖，因而这将成为三一关系中真正的相互性的根基。"[36]

进而，潘能伯格考察了《新约》中关于父将统治（Herrschaft/lordship）交托给子的叙述（马28：18；路10：22；约5：22），认为这暗示出父的神性也要依赖于他跟子的关系。他宣称："在父将统治交托给子以及子将统治归还于父时，我们发现了在他们的关系之中的一种交互性，这是在生成关系之中所未曾发现的。通过将统治交托于子，父使得他的王权依赖于子对他的荣耀与否以及子是否通过成就他的事工来成就他的统治。父从子的自我区分不在于从父生子，而在于父将万有交托于子。从而，父的国度以及他的神性便依赖于子。父的统治或者国度并非外在于父的神性；相反，倘没有他的国度，他便可能不是上帝……因而，统治与父的神性密切相关。在上帝的内在三一生命之中，在自由地使自身服从于父的统治的子与将他的统治交托给子的父的关系的相互性之中，统治已经有了它的地位。"[37] 由此可见，潘能伯格认为

---

35 Wolfhart Pannenberg. SystematicTheology [M]. vol.1. trans. Geoffrey W. Bromiley. Grand Rapids: William B. Eerdmans, 1991.321.

36 Wolfhart Pannenberg. SystematicTheology [M]. vol.1. trans. Geoffrey W. Bromiley. Grand Rapids: William B. Eerdmans, 1991.311.

37 Wolfhart Pannenberg. SystematicTheology [M]. vol.1. trans. Geoffrey W. Bromiley.

父从子的自我区分乃是在于父将他的统治完全交托给子，这意味着父的国度以及他的神性都要依赖于子在世界上的活动。

由上可知，无论是子从父的自我区分还是父从子的自我区分，都与耶稣的历史与活动的整体有关。在耶稣的历史与活动的整体中，通过他对于父的神性和意志的完全顺服以及自我弃绝，显明了耶稣就是三位一体中的第二位格圣子。与此同时，父从子的自我区分在于父将统治交托给子，从而父的神性和父的国度便依赖于子在世界上的活动。但是，耶稣的被钉十字架——耶稣的天命中的一个环节——向耶稣作为圣子的位格的身份（Identität der Person/identity of person）提出挑战。这进而对于父的神性提出挑战，因为父的神性依赖于耶稣在历史中的活动。然而，恰恰是耶稣对于父的国度和统治的宣讲使得他被钉十字架。潘能伯格正是从这一问题开始，引发了对于三位一体的第三位格灵从子的自我区分以及灵从父的自我区分的思考。潘能伯格认为耶稣的被钉十字架虽然引发了对于子和父的位格及其神性的怀疑，但是它又为第三位格灵的工作的展开提供契机。在前保罗传统的信仰宣告中，耶稣的复活被视作是圣灵的工作（罗1：4；提前3：1b；林前15：44ff）。灵从父的位格区分（hypostatic distinction）以及灵从子的位格区分在《约翰福音》中首次有了清晰的表述。对于《约翰福音》中的耶稣基督而言，灵是圣父差遣而来的另一位保惠师（Paraclete）（约14：16）。早期基督教教父正是基于此为他们关于灵的位格区分的论述找到了《圣经》依据。潘能伯格认为耶稣的复活事件（Auferstehungsgeschehen）是三位一体中三个位格共同协作的结果。灵的参与并不会抹杀父的工作，因为父的工作是借着灵或子的中介（mediation）来完成的。

其次，在《约翰福音》中，关于灵的颂赞或颂扬（glorication）更为清晰地表明了灵从父和子的自我区分。潘能伯格论述到："正如子在世上荣耀父，彰显父的神性（约17：4），灵将来也要荣耀子（约16：14）……灵完成了父藉着子的启示，因为父唯独藉着子才可以被认识（14：6）。荣耀子，灵便荣耀了父以及他们之间永恒的联结（fellowship）。"[38] 在此，潘能伯格引证了奥古斯丁的看法，圣灵被视作父与子的永恒团契（eternal communion of Father and

---

Grand Rapids: William B. Eerdmans, 1991.313.

38 Wolfhart Pannenberg. SystematicTheology [M]. vol.1. trans. Geoffrey W. Bromiley. Grand Rapids: William B. Eerdmans, 1991.315.

Son），作为联结父与子的爱（caritas/ love）（《上帝之城》）。那么，圣灵便不应该被理解为三位一体中与父和子并行的一个独立的位格，而是被理解为父与子的团契中的"我们"（the "we" of their communion）。[39]这意味着圣灵是圣父与圣子团契的媒介或圣父与圣子的联结项。

由此可见，自我区分对于三位一体的诸位格而言并不意味着完全相同的内容。子从父的区分在于子对于父的意志和神性的完全顺服，从而为父的行动和父的国度的来临留有空间，以此显明子与父的统一。父从子的区分在于父将神圣的统治和主权完全交托于子，从而父的神性和父的国度依赖于子在世界的活动的展开。灵从父和子的区分在于作为父和子的永恒联结而对于父和子的颂扬与荣耀。三位一体中诸位格的身份的实现（Verwirklichung）在于将自身完全奉献给对方，并且是在自身与其他两个位格的关系之中才实现其位格性。

概言之，潘能伯格的三一上帝论的最初关切乃是在于对于黑格尔——巴特的奠基于上帝的主体性的三一论的批判与反驳。进而，将这一主体三一论追溯至以奥古斯丁为代表的西方内在三一论的传统上。在此，圣父的位格是三一生命中唯一凸显的位格，这一位格被理解为绝对主体或自我意识，在巴特那里以"上帝启示自身为主"来表明。潘能伯格认为在这一情形下，子和灵的位格性便被悬空或消解掉了，子和灵仅仅是神圣单一主体的不同的存在模态。传统内在三一论奠基于从父的生发关系，父的神性是第一位且无起源的，忽视了三一生命中的多元性与交互性。故而，潘能伯格的三一上帝论不是从生发关系出发，而是从父、子、灵相互的自我区分出发，进而又是以子从父的自我区分出发，在神圣行动或神圣经世中所显明的诸位格的相互区分与彼此依赖中建构三一论。在此，位格性与主体性被潘能伯格区别开来。潘能伯格虽然在阐述自我区分时借用了黑格尔的一些思想，以期与传统的奠基于生发关系的区分观念相区别。但是，他是通过创造性地重新阐明了位格性与主体性的不同，来与黑格尔奠基于上帝的主体性的三一论保持距离。如果说主体性是黑格尔哲学中的一个核心概念的话，位格性在潘能伯格三一神学中无疑具有着突破性的价值。三位一体诸位格中的每一位都是以自己与其他两个位格的关系为中介才实现其位格性。因而，三位一体中位格的自我区分便是对其它位格的奉献，以此显明其交互性与依赖性的关系。

---

39 Wolfhart Pannenberg. SystematicTheology [M]. vol.1. trans. Geoffrey W. Bromiley. Grand Rapids: William B. Eerdmans, 1991.316.

潘能伯格从父、子、灵的自我区分与交互性的辩证的角度来阐述三位一体的上帝，反对黑格尔——巴特奠基于上帝的主体性的三位一体论。就三位一体的位格的区分的具体形式而言，子从父的区分在于子对于父的意志和统治的完全顺服，为父的行动和父的国度的来临留有空间，从而显明子与父的统一。父从子的自我区分在于父将父的王权（Königtum des Vaters）和王权统治（Königsherrschaft）完全交托于子，从而使得父的神性依赖于子在历史中的活动的展开，证明了父与子的统一。三位一体的第三位格灵，作为父与子永恒联合的媒介，灵从父和子的自我区分在于灵对于父和子的颂扬，同时子完全顺服于父的活动以及对于父的荣耀，尤其是子的复活，都依赖于灵。

潘能伯格沿袭经世三一的进路，从神圣行动中所显现出的神圣诸位格的关系的角度入手，即父子灵相互的自我区分，但是他仍然须要找到能够表明神圣行动之统一性（Einheit）的内容，从而表明神圣诸位格的统一。这里将神圣诸位格统一起来的内容，便是"圣父的王权"。圣父的王权是三位一体的相互关系中一切神圣活动的聚合点，是神圣诸位格的共同协作。故而，父的王权与王权统治是潘能伯格三一上帝论中神圣位格统一的基底。

潘能伯格借用父的王权的观念，以求避免以圣父为唯一神圣位格的神格唯一论（monarchianism）或"次位论"（subordinationism）。圣父的王权跟终末的上帝之国相联系，是三位一体的上帝行动的最终目的，以及三一上帝之神性的完全显明。结合其前期思想，我们知道上帝的神性在于上帝的统治，上帝的存在与上帝的统治是同一的。在《神学与上帝之国》（1969）一书中，潘能伯格如此论述："只有能够证明自身统治一切的神才是真实的。这并不意味着离开了有限存在者的存在，上帝就不是上帝……它意味的只是如果有限存在者存在，对于有限存在者的主权就是内在于上帝的本性的。上帝的神性就是他的统治。"[40]如果上帝的存在就是上帝的统治；同时，上帝的统治在于终末的将来（eschatological future）；那么，上帝的存在便是终末将来的。在此基础上，潘能伯格将上帝描述为"将来的权力（Macht der Zukunft）"[41]。由此可见，圣父的王权中的核心思想在于三一上帝的统治。这包含三方面的内容：首先，子和灵在永恒三一关系中对于父的顺服。其次，三一上帝对于

40 Wolfhart Pannenberg.Theology and the Kingdom of God [M]. trans.R.J.Neuhaus. Westminster Press, 1969.55.该书英文版早于德文版，德文版出版于 1971 年。

41 Wolfhart Pannenberg.Grundfragen Systematischer Theologie [M]. Göttingen: Vandenhoeck & Ruprecht, 1967.393.

被造界的统治，这根源于保罗神学中所言的，耶稣的复活表明耶稣胜过世界上的一切罪恶与死亡。潘能伯格宣称："父的王权（Königtum des Vaters/monarchy of the Father）在三位一体的永恒的团契（Gemeinschaft /followship）之中已经实现。它并不须要世界的存在。在永恒之中，子尊崇于父的王权统治（Königsherrschaft/kingly rule）。因而，这一统治是永恒的，显然不能离开子和灵，而是借着祂们。但是，这一统治现在也被付诸被造界。借着子和灵，父的统治在被造界被建立并被认识。"[42]最后，虽然父的王权在三位一体的永恒的团契中已然实现，但是就三一上帝与世界的关系而言，父的王权在来临的过程之中。正如上帝被描述为"将来的力量"，上帝统治的完全实现在于终末之未来，父的王权的完全实现也在于终末之未来，在于上帝之国的来临。

在三一关系之中，父的王权是借着子的完全顺服和在历史中的活动来被分送。道成肉身是三一上帝在世界的自我实现，从而使得被造物关联于神圣的三一上帝。因而，被造界关联于三一上帝乃是在于道成肉身将父的王权从永恒向世界的输送，借着圣灵使得被造物可以参与圣父与圣子的关系，同时须要被造物像子一样对于父的王权的顺服。圣父的王权乃是在三位一体的神圣生命中，同时也是是在三一上帝与世界的关系中，一切神圣活动的聚合点。

## 四、何种三一论：黑格尔－巴特 *VS.*潘能伯格？

20世纪80年代，与潘能伯格同时代的德国新教神学家莫尔特曼开始转入了系统神学的研究，出版了"系统神学专题系列"，其中第一部作品就是《三一与上帝国》（1980）。在60、70年代，因两人对于终末之未来的强调，以及各自都不同程度地受到德国希望哲学家布洛赫（Ernst Bloch, 1885-1977）的影响，学界把两位神学家的神学思想或者归为历史与终末神学，或者归为盼望神学。[43]这种归类是否合理，我们姑且不论。然而，在80年代，两位神学家表现出对于系统神学的兴趣以及在系统神学结构中关于三一上帝论的优先性地位的考量则是一致的，后者无疑受到了其神学前辈卡尔·巴特的影响。莫

---

42 Wolfhart Pannenberg. SystematicTheology [M], vol.2. trans. Geoffrey W. Bromiley. Edinburgs: T & T Clark, 1994.390. Systematische Theologie [M], Bd.2. Göttingen: Vandenhoeck & Ruprecht, 1991.434.

43 福特编.现代神学家 [G]. 董江阳、陈佐人译, 道风书社, 2005.176-202.葛伦斯、奥尔森.二十世纪神学评论 [M]. 刘良淑、任孝琦译.校园书房出版社，1998.203-222.

尔特曼甚至声称自己是后巴特主义的神学家，这并非是要沿袭巴特的神学进路，而是对巴特的关于上帝的超验主体性的神学予以反拨，这一神学动机与潘能伯格也是一致的。[44]就思想的亲缘关系上，潘能伯格与他的这位乌珀塔尔（Wuppertal）大学同事莫尔特曼相比，他与巴特的亲缘关系更近。这表现在他对巴特的关于上帝的"自我启示"的概念以及围绕自我启示所展开的启示论、三一上帝论的继承上，甚至还表现在他在展开神学之思时常常以巴特的神学作为其参照面和对立面。关于三一论在基督教神学中的地位，莫尔特曼如此论述："因为基督教神学既非论及'没有人的上帝'，亦非论及'没有上帝的人'，所以必须使用三一思考。基督教神学不可避免而有其内在必然是三一神学，只有三一神学才是基督教神学。转向绝对一神论的，不再是基督教神学；变成人文主义的，就是无神论，唯有三一教义保存基督教思考与生活于真实的基督共同体里。"[45]

在《三一与上帝国》一书中，莫尔特曼详细论述了作为实体的上帝、作为主体的上帝以及三位一体的上帝这三种上帝观念的历史演变。这可以帮助我们加深对于潘能伯格三一上帝论的理解，为他的问题域、神学目的与动机提供说明。

在西方哲学和神学历史中，一共发展出了三种上帝观念：作为最高实体的上帝；作为绝对主体的上帝以及三位一体的上帝。这三种上帝观念都是对于上帝的现实性或实在（Wirklichkeit Gottes）问题的回答，其背后有着各自不同的哲学世界观（Weltanschauung）或现实观作为依据。在第一种情形下，上帝被理解为最高实体。这根源于亚里士多德-阿奎那传统，在近代荷兰哲学家斯宾诺莎（Spinoza, 1632-1677）那里亦获得了精彩表述，至今仍被罗马天主教神学视作关于上帝之实在的经典回答。阿奎那关于上帝存在的五种宇宙论证明以及17、18世纪自然神论中的设计论证明都宣称为作为最高实体的上帝的观念提供了充足的理由，在此我们以阿奎那的证明为例。阿奎那从世界的一般现象出发，探究其最终依据，依次推导出"第一推动者"、"第一因"、"自身必然的存在"、"最高存在者"和"最高的理智"的概念及其绝对必然的存在。在上述五种证明的最后，阿奎那都会补充："我们将其称作天

44 莫尔特曼.盼望神学：基督教终末论的基础与意涵 [M]. 曾念粤译. 道风书社，2007.47-57.

45 林鸿信.莫特曼神学 [M]. 台北：礼记出版社，2002.143.

主"。莫尔特曼认为宇宙论证明说明了"何为上帝的神圣本质",但并没有真正证明上帝的存在。并且,我们将最高实体设想为上帝,这并非必然的结论,而仅仅是出于人们的"普遍共识"(consensus gentium)。最后,作为最高实体的上帝的观念预设了希腊式的世界观以及宇宙概念,即世界被设想为井然有序的宇宙(Kosmos),而非混沌(Chaos);宇宙中的存在者按照一定的秩序排列。当人们的世界观发生转变时,关于上帝的观念也会发生相应的转变。在探讨上帝的间接启示时,潘能伯格亦提出当"在整体中的现实"(die Wirklichkeit in ihre Totalität)被理解为宇宙时,上帝便被相应地设想为最高实体;当"在整体中的现实"被理解为历史时,上帝便被相应地设想为绝对主体。并且,后者是以更加具有目的论导向的、向未来敞开的宇宙代替了封闭的、不可变更的宇宙。[46]

以作为最高实体的上帝观念为前提而发展出来的基督教三一论,被称作实体三一论。这最早可以上溯至早期基督教教父德尔图良(Tertullian, 150-230)。德尔图良提出"一个实体,三个位格"(*una substantia, tres personae*)。在此,"实体"是指基础的本体存有,是使事物之所以存在的质素。"位格"指赋予独立行动的身份。[47]此后,奥古斯丁和阿奎那将唯一、同质的神圣实体作为神圣位格的基础。"圣三"(*De Deo trino*)被置于"圣一"(*De Deo uno*)之后。当上帝被设想为最高实体时,三一论是一般上帝论的附庸,上帝论所处理的核心问题就是关于上帝的存在、本质与属性等问题。这是中世纪阿奎那之后经验哲学乃至新教正统派神学的进路。实体三一论所暴露出的问题主要有如下两点:第一,它所预设的前提是古希腊哲学中井然有序的宇宙图景,当人们对于现实或实在的理解发生根本变化时,作为最高实体的上帝观念也随之瓦解。第二,实体三一论不可避免地带来双重神圣统一性:一个是神圣本体之统一性(Einkeit),一个是三一上帝之合一(Einigkeit)。这最终导致基督教三一教义被消融于抽象的独一神论(monotheism)。[48]

在第二种情形下,上帝被理解为绝对主体。这根源于《旧约》中以色列人将世界理解为历史且历史的主体是上帝的传统,经由中世纪唯名论的发展,至 19 世纪德国观念论经黑格尔达到高峰,并且在 20 世纪成为巴特克服

46 Revelation as History [G]. edit. Wolfhart Pannenberg. trans.David Granskou. New York: Macmillan. 1968.141.

47 奥尔森.基督教神学思想史 [M]. 吴瑞诚、徐成德译.北京大学出版社,2003.49.

48 莫尔特曼.三一与上帝国:论上帝的教义 [M]. 周伟驰译.道风书社,2007.28-30.

"虚弱不堪的"实体三一论而复兴主体三一论的巨大资源。[49]这与近代以来自笛卡尔以降的主体哲学的发展有关。哲学史上通常将其称作由古希腊本体论向近代认识论哲学的转变，或称作"人类学的转折"（马丁·布伯）以及"上升到主体性"（海德格尔）。首先，这一主体是与人自身所认识和改造（或曰主宰）的客体世界相对立的主体。当笛卡尔遵循内知觉的明见性原则，以"我思"作为认识的确真的起点，并且进而将实在区分为精神实体和物质实体时，他摧毁了古希腊的实在观以及在此基础上的关于上帝存在的证明。在古希腊哲学中，神的存在与充满神圣秩序的宇宙互为证明。"以世界为根据的上帝的宇宙论证明同时也总是以上帝为根据的世界的神学证明。"[50]在笛卡尔之后，现实不再被视作护卫人、作为人的世间家园的神圣宇宙，而是为人的知识和实践提供物质材料。现实之统一并非宇宙论地和上帝中心论地决定，而是人类学的决定。莫尔特曼宣称："宇宙并没有显示神性的'踪迹'；相反，它充满了人的'踪迹'……正是从这转变中生长出了西方无神论。一个在原则上已变成了人的客体的世界只是证明了人的存在而不再是上帝的存在。这是欧洲虚无主义的开端吗？"[51]经过康德纯粹理性批判的洗礼，从外部世界出发的关于上帝存在的宇宙论和设计论证明以及作为最高实体的上帝的观念受到严重挑战。至此，新教神学开始从人的主体性反思来思考上帝。其次，人的主体被理解为有限的主体，从而，作为绝对、无限的主体的上帝成为人的有限主体的原型（Urbild）。由世界而引出的上帝证明，让位于由灵魂或直接自我意识引发的上帝证明。这在康德关于上帝存在的道德论证明里有着清晰的表述。人们不再需要上帝作为解释世界的第一因，但他们仍需要上帝从而更加合乎理性、和谐与自由的生活。

以作为绝对主体的上帝观念为前提而发展出来的基督教三一论，被称作主体三一论。在黑格尔以后，他被经典地表述为："一个主体，三个不同的存在模式。上帝被设想为唯一、同一的绝对主体。三位一体的上帝论便是这绝对主体自身与自身的关系，是绝对精神的同一、分化和复归。在 20 世纪，巴特的三一论表现出了跟黑格尔观念论的密切亲缘关系。关于两者的关系前

---

49 所谓"虚弱不堪的"实体三一论，笔者是指潘能伯格所言的三一论成为一般上帝论的附庸或附属品。

50 莫尔特曼.三一与上帝国：论上帝的教义 [M]. 周伟驰译.道风书社, 2007.22.

51 莫尔特曼.三一与上帝国：论上帝的教义 [M]. 周伟驰译.道风书社, 2007.24

面已经有着详细的论述。在此，我们主要提及莫尔特曼对于这种主体三一论的批判："现代布尔乔亚的人格和主体概念似乎使得传统的关于三一的三个位格的言谈变得不可能了。但是如果行动与接受的主体性从三个神圣的位格被转到了一个神圣的主体。那么三个位格也就会降低为一个同一主体的三个存在样式，或自立模式（Subsistenzweisen）。不过从神学的角度看，这乃是早期教会所谴责的撒伯里乌形相论的迟到的胜利。结果就是将行动的主体性转到隐藏在三个位格之'后'的神性上。这么做的后果就是一种只是与基督教偶然相关的独一神论，一种普遍的超越性，一种含糊的宗教性，它只会吞没基督教信仰的独特身份。倘若这些观念发展至其终极结论，确实只会构成危险。但只要观念论的形相论威胁到三个不同的位格的分工以及'子的历史'的主题，那么危险的胚芽就早已潜伏在那里。"[52] 在此，莫尔特曼所言的独一神论的危险在于它的专权制，为地上的独裁统治无论是宗教的、道德的还是家长的、政治的独裁提供合理性。具有宗教动机的政治独一神论被用来合法化专制统治，与其一并合法化的还有人的奴隶意识。在古罗马、拜占廷的皇帝崇拜、17 世纪的绝对意识形态乃至 20 世纪的独裁制中都可以寻到独一神论的宗教基楚。

接下来，我们会追问今日基督教的三位一体论和三一神学应当如何发展？实体三一论的道路行不通，主要原因在于古希腊的现实观已被近现代的科学现实观所取代。我们面对自然的思考主要依据的是自然律，而不再须要上帝的观念作为其前提。在 20 世纪中叶以后，主体三一论的道路步履维艰。这跟两次世界大战之后，人们对于近现代主体哲学的反思与抵触有关。莫尔特曼如此论述："（因为），现代的主体之思正在不断地丧失其力量和意义。人类学的思考正在让位于那些新的、相对主义的世界观，以人类为中心的行为正被整合进社会模式中去……愈来愈相互依赖的世界不能再用'我的私人世界'来理解了。今天，诉诸纯粹的主体性被视作一种逃避主义的倾向。"[53]

莫尔特曼提出今日三一神学的前景是从圣子耶稣的历史出发，来发展一种历史的三一论，以及从三一的关系与团契出发，来发展一种社会的三一论。无论是历史的三一论还是社会的三一论，笔者认为在潘能伯格的三一论中都表现出了莫尔特曼所提出的这两种品质。潘能伯格反对黑格尔-巴特主体三一

---

52 莫尔特曼.三一与上帝国：论上帝的教义 [M]. 周伟驰译.道风书社, 2007.193-194
53 莫尔特曼.三一与上帝国：论上帝的教义 [M]. 周伟驰译.道风书社, 2007.31-32

论，乃是在于其奠基于近代以来的主体哲学。首先，这种主体哲学本身就是近现代无神论得以滋生的思想的河床。19 世纪末，青年黑格尔派对于基督教的反叛绝非偶然的现象。其次，主体哲学在 20 世纪以降所受到的劫难。主体被当代哲学视作一个模糊的概念，来自于人类思维的构造。存在本身在时空中的展开或活动要先于这一被人们先行设定的保持自身同一的主体。故而，潘氏不是从同一的神圣主体出发，而是从在历史中所显明的三个位格的关系出发来发展三一论，尤其是从耶稣的历史出发，通过耶稣的历史之整体来显明他的圣子身份。

最后，我们再来思考一下潘氏所言的作为三位一体的位格之统一的父的王权。在潘能伯格论及三位一体的上帝时，总是充斥着"统治"、"权力"、"父的王权"、"王权统治"这些字眼。在他前期上帝观之中，潘能伯格也认为上帝的存在以及上帝的神性在于上帝的统治，将上帝称作"将来的权力"。虽然世界的存在并非上帝存在的必要条件，但是一旦世界被造出来，上帝对于世界的统治便是其神性之证实的必要条件。上帝必须不断证实自身对于世界的统治，不能够如此证实的上帝便不是上帝。笔者认为这是带有男性霸权文化或是父性文化的话语，它宣告的是有权能的神以及君王模式，忽视了《圣经》中关于神的温柔的一面的描述，忽视了母亲或者牧者的意象。

虽然，潘能伯格拒斥黑格尔-巴特的主体性的三一论，认为这样只有唯一的圣父这一位格作为主体，圣子和圣灵的位格不过是圣父存在的环节或状态。潘能伯格从自我区分出发建立的是诸位格的多元性与交互性的三位一体。但是，多元的与交互性的三一生命仍不过是一个"父性"的三一生命。在黑格尔那里，圣父成为唯一的主体，牺牲了子和灵的位格性。从女性主义神学的角度，对于作为其神学旨归的以及《系统神学》中构架的三位一体的上帝论提出批评。潘能伯格的三一论描述中充斥着"父的统治"、"王权"、"王权统治"这样的概念，将无限、至上的三一上帝以王权与王权统治来充实和理解，这是传统的父性文化的话语霸权。在潘能伯格这里，通过跟"王权"或"统治"相关的自我区分以及在父的王权基础上的诸位格的统一，所建立的三一生命依然是一个作为"父"的绝对主体。这样一个统治一切、掌管万有的君王形象，忽视了《圣经》中苦弱的上帝的形象。但是，潘氏的父的王权又与跟先前莫尔特曼所批判的神格唯一论或专权论（Monarchianismus）不同。因为，潘氏所言的父的王权在永恒的内在三一里是依然实现了的，但就就三一上帝与世界的关系而言，父的王权在来临的过程之中，是想着终末之未来敞开的。正如上帝被描述为"将来的力量"，上帝统治的完全实现在于终末之未来，父的王权的完全实现也在于终末之未来，在于上帝之国的来临。

# 结论、"鱼跃之美"：潘能伯格神学定位及与黑格尔暧昧关系

　　人究竟应当如何理解人自身，人应当如何理解存在以及人应当如何理解上帝？这是千百年来人类的一个根本性问题。笔者相信只要人还作为一种探究意义的存在者生活下去，只要人依然不以他现今的一切生存状态为满足——这种状态无论是肉体的还是精神的——并且他依然具有一种不断的自我反省和自我完善的勇气，那么这个问题将依然会被追问下去。我们反观历史，发现对于这一问题的回答主要有两种路径。一种是从个体的生命体验出发来探究存在或上帝的问题，这是一种自下而上的道路。宋代朱熹便提出以自家之心体认圣人之心，体验圣人的体验。"读书须是以自家之心体验圣人之心。少间体验得熟，自家之心便是圣人之心"（《朱子语类》卷一百二十）。这里虽然谈论的是如何读书，但这个书在此不是普通的书籍，而是"圣人之书"。目的是使凡夫之心与圣人之心相通，从而体认天理。海德格尔前期思想，从此在（Dasein）出发来向存在（Sein）发问也是这一路径。两者的差别在于在朱子那里依然有一个实在的"心体"作为道德主体。在海德格尔那里是没有所谓的道德主体或意识主体被预先设定的。因为人的基本规定性并非预先设定好了的，而是在他的生存态度和生存行动中显明出来。受海德格尔影响二十世纪上半叶德语神学界盛行的存在主义神学，其代表是布尔特曼、戈加腾（Friedlich Gogaden, 1887-1967）和蒂利希，依循的也是这一自下而上的路径。

　　另一种途径是从聆听和领悟天道本身出发，直接从上帝的启示自身出发，认为启示（Offenbarung）是对人自身的否定和怀疑。这是一条自上而下

的启示的道路，这是巴特神学的路径。在巴特那里，关于人的意识结构与三位一体的神圣生命之结构之间存在着类比关系。巴特将他的神学体系建基于"上帝的话语"（das Wort Gottes）上，他的启示论、基督论、三一论都围绕"上帝说（Deus dixit）而展开，故而巴特及其追随者的神学被称作上帝之道神学。巴特的上帝之道神学在二十世纪上半叶德语世界取得了巨大轰动，给予盛行于十九世纪末二十世纪初的新教自由主义神学以致命一击。海德格尔后期思想倾向于这一进路，

通过这一思想史的叙述我们看到潘氏神学进路一直是在作减法。首先，在人的生命经验和上帝的自我启示的进路上，即在布尔特曼（其背后是海德格尔[1]）和巴特他选择了后者，声称是在巴特开辟的将神学限定为对关于上帝的自我启示的思考，反对那种个体的主体主义的神学倾向，因为前者使得信仰者的个体性和主观性的回应代替了更具有一般性和客观性的信仰之内容。其次，在关于自我启示之媒介问题上，在作为上帝之道的启示还是作为历史的启示上，即在巴特与黑格尔之间，潘氏选择了黑格尔。因为巴特神学本身蕴含着两个非常严重的问题：第一，造成了上帝的言说或话语与上帝的行动的分裂。第二，上帝的启示完全逃避了理性的反思，启示成为关于上帝的知识的唯一来源。二十世纪神学家麦奎利如此批评巴特："任何一类知识都不单是被动地接收别人所传递的信息。因为我们必须经过区别、过滤、试验、质疑、转化，方能使它成为知识……这启示可以接受的原因，是它经过各方

---

1 关于潘能伯格和海德格尔的关系，笔者还要另行撰文进一步深入探讨。潘氏神学中的两个核心概念"历史"与"预表"都与海德格尔大有渊源。潘氏的历史观念不是纯然黑格尔之普遍历史式的，期间亦融入了海德格尔对于此在之历史性的生存的揭示，但潘氏不愿意将耶稣基督的客观历史性消融于此在对于基督事件之主观的理解和领会上。同时潘氏的预表（Prolepsis）或预见（Anticipation）概念亦受到海德格尔将来优先性的本体论影响，受海氏"向死存在"（Sein zum Tode）概念的影响。，但潘氏提出对最终未来的预见不能仅限于人的个体生命，因为首先个体仅是作为群体、社会和人类一员而获得其意义，对个体死亡的领会不能揭示出此在生存的整体性。其次，预见必将指向个体死亡之外的某种东西，指向包容了人类总体、实际上也包容了全体实在的某种东西。在这个意义上，潘氏的本体论和真理论又是非常黑格尔式的。二十世纪的一位存在主义神学家麦奎利（John Macquarrie）在其《二十世纪宗教思潮》一书中将潘能伯格神学放在"后存在主义的神学"一章是非常有道理的，因为在某种意义上潘氏神学是对于海德格尔提出的"超验的transzendent—实存的existentia"神学和"先验的transzendental—本质的essential"形而上学之划分的回应。

面考验后，同时赢得了理性和良知的认可。"[2]潘能伯格出于回应启蒙运动以降的自然理性、无神论以及历史批判对于基督教和基督教神学之合理性提出的挑战的要求，使得他不可能选择巴特式的唯凭信仰的神学进路。

潘能伯格试图回应启蒙运动以来基督教所遭受的三个主要挑战，自于人类自然理性、无神论以及历史批判对于基督教的挑战。他的解决方案是启示即历史，启示在由上帝所引导的人类普遍历史的过程之中显明，在历史之终末完全显明。问题的关键所在是在此潘能伯格对于启示、历史以及理性都分别作出了新的理解与诠释。他试图将上帝的启示带到人类公共的自然理性的面前予以审视，这一选择是非常黑格尔式的选择。笔者认为他的解决方案基本上是有效而且合理的，是当代基督宗教新教神学面对上述挑战的有力回应。

问题一：理性与信仰必然相互冲突吗？答案在于人们如何理解和解释人类的理性。在《信仰与理性》（Glaube und Vernunft, 1965）一文中，潘氏通过界定何为信仰以及澄清理性的多重含义，表明历史理性与信仰不是互相冲突，而是可以互相协调的。[3]首先，他继承马丁·路德的思想，将信仰解释为对于不可见者的信任，这一信任之发生不仅是站在历史上看，还必须看到历史之结果。信仰的根基不能脱离历史。然后，他先后分析了理性的三种模式即先验理性、接受理性和历史理性的内涵，并就它们各自与信仰的关系问题一一进行了澄清。

首先，理性被理解为先验理性（apriorische Vernunft/a prori reason），这是亚里士多德-阿奎那传统。阿奎那区分了理性（ratio）与理智（intellectus）。理性是人的认识能力，通过从一个表象转换到另一个表象，来进行推论。理智是天使和上帝的认识能力，直观——理性作为推论结果得出的——事物的本质。人类理性活动的起点是对自明的普遍原则的直观。在这一理解模式下，先验理性与信仰相互冲突。基督教信仰的内容不能出自先验原则。因为作为将被给定的原则应用于感性材料的理性活动不能够向那些与这些原则不相一致的东西敞开自己。

其次，理性被理解为接受理性（vernehmende Vernunft/receiving reason），这肇始于德国哲学家赫尔德和雅克比之后。"理性"一词中的"接受"观念

2 麦奎利.二十世纪宗教思潮 [M]. 何菠莎、周天和译.宗教文化出版社,2006.356-357.
3 斯图沃德编.当代西方宗教哲学[G]. 周伟驰、胡自信、吴增定译.北京大学出版社，2001.27-39.

用来对应于康德的理性的先验形式。接受理性源于古希腊哲学家柏拉图和巴门尼德。接受理性的模式是柏拉图式的洞见，通过突然的光照接受真实存在的先在形式。巴门尼德的"心灵"（nous）所领会或接受的是与时间无关的、易变现象背后的永恒存在者，同时是当下实在。在这一理解模式下，接受理性与信仰相冲突。因为，在古希腊对接受理性的理解之中，未来没有什么地位。

最后，理性被理解为历史理性（geschichtliche Vernunft/historical reason）。理性的历史特征的发现是康德以降对理性理解深化的主要方向。在康德那里，创造性想象是康德的理性概念中至关重要的一个环节。因为把经验的杂多集合成一个统一的表象，即综合，就是通过想象而获得的。但是，创造性想象仅仅是为了得出理性的先验形式。潘氏认为创造性想象自身便包含着冲破康德的封闭体系的潜质，它可以撞击知识的界限。随后，黑格尔发现了思想的反思结构，在康德那里表现为僵化的理性结构被反思原则吸收进一个辩证发展的过程中。狄尔泰通过对"意义"（Bedeutung）范畴的研究，洞见了历史心灵独特的开放性。每一具体经验只有关联于作为整体的生命时才有意义，以致于生活要素的终极意义只有在死亡的瞬间才成为可规定的。由此，潘氏推论出一切意义断言都系于对最终未来的先行掌握或先在构思（Vorigiff）。

对于黑格尔以降历史理性的发现，20世纪哲学家海德格尔的贡献在于：此在先行预见其本己的死亡从而获得其整体性及其自身。但是潘氏在如下两点上批判海氏：第一，对未来的预见不仅限于个体，个体只是作为整体、社会、全人类中的一员才获得其意义。第二，具体事件由其获得意义的对最终未来的先行掌握，一方面指向个体死亡之外的某种东西；另一方面，它指向包含现实的整体在内的东西。只有从这一个对最终未来的先行掌握，即对现实的整体（Ganzheit der Wirklichkeit）的先行掌握出发，才能够通过说它是什么来确定具体事件或在者的确切意义。理性的绝对先设是对构成现实的整体的终末未来的期待，而信仰则是指向构成现实之整体性的这一终末未来。

在处理完理性与信仰的关系之后，潘氏还需要对于启示与历史的关系作出新的阐释。在此，启示不是绝对真理的神秘通传，而是肇始于德国观念论下的"自我启示"。自我启示是上帝本质的自我揭露，是上帝将其自身启示出来。上帝启示自身的媒介是普遍历史。历史是普遍历史，是包含终末合目的性的历史。普遍历史之可能的条件在于作为终末预表的耶稣的历史的预先实现。启示即普遍历史（Offenbarung als Geschichte），普遍历史是人们凭借自然理性便可洞见的。潘氏试图克服巴特信仰至上的倾向，提高在对于上帝的启示接受时人类自然理性的主动性。但是，在此云格尔（Eberhard Jüngel, 1934-）批评潘氏忽略了在上帝的启示中圣灵的作用亦是有一定道理的。

在面对现代无神论对于基督教的挑战时，潘能伯格面不愿意如巴特那样以"信仰的自主"为由来回应，因为那样在他看来是没有任何外在辩护或合理性的信仰的冒险，是一种非理性的主观主义。潘氏认为系统神学的任务就是要证明基督教陈述与人类知识保持着内在的一致性。故而，他诉诸于一种自下而上的人类学——历史的方法，试图在信仰宣告之外，由理性来确立一些客观而中立的原则，从这些原则出发对于基督教的教义予以解释，从而证明基督教教义的普遍性和合理性。换言之，基督教教义依然能与理论理性的陈述有其内在一致性，基督教教义依然能够提供在理性的检验下具有普遍性和合理性的论断。我们认为潘能伯格凭借其前后期神学的一致性与连贯性，比较出色地回应了这一挑战，为基督教信仰提供了比较有说服力的理据。故而，有些学者将其神学界定为"信仰的理性"或者"为希望的理由"，我们认为这些界定也都是相当中肯的。[4]

在前面提及的历史理性、自我启示、普遍历史等核心问题上，我们看到了潘氏与德国观念论代表哲学家黑格尔之间的密切关系。一方面，潘氏试图利用黑格尔的历史观念与历史理性来反拨康德和施莱尔马赫以降在新教自由主义神学中所盛行的个体的主体主义倾向。这一倾向在 20 世纪因为海德格尔的存在主义哲学的盛行而越发突出，被称作"海德格尔的幽灵"。另一方面，潘氏又注意到黑格尔的绝对观念论亦是引发现代无神论的思想根源，尤其是其中上帝被理解为绝对主体，三一论被解释为绝对主体或绝对观念同一、分化和复归的运动。潘氏试图打破黑格尔哲学中观念自身与自身的关系的窠臼，他利用了预表（Prolepsis）这一概念。预表这一概念最初指耶稣的历史与命运，耶稣并非作为历史的中间，而是被预表的终末。后来他提出在整体中的现实，即普遍历史，具有一种预表之结构。通过预表概念，他试图将黑格

4 Jan Rohls.Vernunft des Glaubens. Wissenschaftliche Theologie und kirchliche Lehre [M]. Göttingen: Vandenhoeck & Ruprecht, 1988. Stanley J Grenz. Reason for Hope: The Systematic Theology of Wolfhart Pannenberg [M], second Edition, William B. Edermans Publishing Company. 2005.

尔的观念自身与自身的关系予以现实化。在此，笔者认为潘氏过多地强调了黑格尔哲学中观念的同一性的一方面，而忽视了黑格尔哲学中的"现实性"（Wirklichkeit）这一概念。现实性是将普遍性与多样性统一起来的一个概念，对此潘氏的思考有所欠缺或是对于黑格尔哲学存在误解。在绝对观念的现实性这个问题上，我们还有继续深入挖掘的空间。

潘能伯格还试图运用位格性（Personalität）来取代黑格尔的主体性（Subjektivität）这一概念。黑格尔那里，主体是确知自己本身的自我，在自身的他物之中保持与自身的同在。主体在自身的他物之中认识到自身的表现，从而认识到它自身。但是，主体性并不是通过他物而获得的，而是主体先行居有的。相反，位格并不先行居有它的自我。位格性不是从自身出发来拥有自我，位格性是出自于一种超越于它自身的生命内容。在人论部分，潘氏通过外在中心性以及作为生命之过程与实现的上帝的形象来突出人首先不是一个"单子"，而是在与他者的关系之中来获得自我的身份。而潘氏对于黑格尔反叛的突出方面即是他对于黑格尔主体性的三位一体的反叛，提出三一论的根基不在于作为绝对主体的上帝，而在于在历史中所显明的圣父子灵之间的相互区分与统一的关系。

潘能伯格在历史概念上依傍黑格尔，在主体概念上又反对黑格尔，这使得他与黑格尔哲学处于一种暧昧关系之中。笔者认为他逃出黑格尔主体哲学的窠臼的意识是相当明确的，并且在对于黑格尔主体性三一论的反叛是态度是坚决而彻底的。因为前者会吞噬掉圣子的神圣性以及圣子耶稣基督的历史在于人类历史之中的独特作用。耶稣基督的历史作为人类历史之预表，是潘氏启示论、人论、基督论乃至三一上帝论的一个关节点所在。

笔者试图通过"鱼跃之美"（下图）来说明潘氏神学的思想体系和脉络。潘能伯格神学的特色便是他对于方法论的重视。前期思想（《作为历史的启示》1961-《神学视角下的人类学》1983）遵循自下而上的方法论，即以历史的人类学的方法论进路来处理基督教神学的基本主题，比如启示论、人论、基督论、上帝论等。后期（以三卷《系统神学》1988/1991/1993为代表）思想遵循自上而下的方法论，主要是以三一上帝论为基本构架来审视基督教的基本教义，将前期通过自下而上的方法得出的神学结论带入检验之中，从而达到自下而上与自上而下的双向互动考察。我们用后面的示意图"鱼跃之美"来展示潘能伯格神学思想的历史脉络与结构关系，以便更加清晰地说明潘能伯格神学的结构性与一致性。我们论文的篇章结构是与潘氏神学的历史发展脉络相一致的。虽然，在《系统神学》中三一上帝论被置于人论和基督论之前，但是三一上帝论是潘氏神学历史展开的终点。因为他认为所谓的神学就是关于上帝的科学，在他系统的思考上帝论之前，自下而上的探究人论和基督论部分是为上帝论的思考做好准备，虽然前面这些神学思考背后仍有潜在的上帝论在支撑。

最后，我们谈及潘氏神学中的几点备受人诟病的地方。第一，普遍历史概念作为一个抽象概念，恰恰是以这一抽象概念本身代替了历史中的具体事件。人们不禁追问在耶稣基督为预表的普遍历史中，单个具体的历史比如我们亚洲人的历史有何意义？关于这第一潘氏或许可以解释到近代以来历史的主体发生转变由上帝变为人自身。启蒙运动所允诺的人类自然理性可以为历史的进步和根本合目的性作出保障，但是两次世界大战摧毁了这一前提和历史进步的信念。他试图在这种历史的虚无主义背景中，重新提供历史的意义和合目的性问题。但是我们可以反驳：潘氏的作为上帝自我启示的普遍历史来保障人类历史的意义与合目的性的这一原则的提出与这一原则在现实中的实施恰恰是矛盾的，这一矛盾是这一理论本身所包含的否定性。

第二个问题就是耶稣基督的复活事件。潘氏反对布尔特曼将复活予以去神话和存在主义的解释。其背后是要融贯被布尔特曼所割裂的事实与事实的意义的关系，潘氏认为历史既包含事实的历史又包含意义的历史，事实与事实的意义是一体的是一贯的。他坚持复活事件是具有客观历史实在性的真实事件。他的这一观点倍受批评，认为是与人类的常识和理性是相违背的，与他致力于将神学建立为一门具有普遍性和客观性的科学的努力像违背。因为在人类历史中并没有复活事件的重复发生，违背了历史科学自身所提出的的事件的可重复性或事件的类比原则。如果我们将这一问题放入黑格尔真理观的背景下或许可以予以说明。黑格尔所坚持的真理观是一种历史融贯的真理观，不是属于认识论的，而是属于本体论的。真理是以历史事物本身的展开为对象，只有在历史展开的最终才能彻底融贯，那时事物的本质才能完全显明。故而，耶稣基督的历史实在性的完全证实不在于过去发生的历史事件而在于历史的终末。其次，潘氏还试图对于复活事件提供一种人类学的解释。他认为人类与生俱来盼望超越死亡，正如人类与生俱来地想要了解死亡。"假如死亡是终结的话，一切希望都显得是愚蠢的。"[5]灵魂不死的希腊学识和死

---

5 人是什么——从神学看当代人类学 [M]. 李秋零、田薇译.香港道风山基督教丛林,

者复活的犹太教-基督教盼望都表明了对一种超越死亡的生活的期待。

最后，笔者在要谈论的是潘能伯格上帝观中的一个问题，这是笔者在阅读文本中深有体会的一个问题，并且这个问题在笔者所接触到的二手研究材料中还尚未有人提出。在他前期上帝观之中，潘能伯格认为上帝的存在以及上帝的神性在于上帝的统治（Gottesherrschaft），将上帝称作"将来的权力"（Macht der Zukunft）。虽然世界的存在并非上帝存在的必要条件，但是潘能伯格认为一旦世界被造，上帝对于世界的统治便是其神性的必要条件。上帝必须不断证实自身对于世界的统治，不能够如此证实的上帝便不是上帝。在他《系统神学》卷一中，神圣三一关系的具体模态即父、子、灵相互的自我区分，其中子从父的自我区分以及父从子的自我区分也都与上帝的统治以及上帝之国有关。子从父的区分在于子对于父的意志和神性的完全顺服，从而为父的行动和父的国度的来临留有空间，以此显明子与父的统一。父从子的区分在于父将神圣的统治和主权完全交托于子，从而父的神性和父的国度依赖于子在世界的活动的展开。父的王权（Königtum des Vaters）被视作是三个位格共同协作的结果。在《系统神学》卷二中，谈及道成肉身是三一上帝在世界的自我实现，但世界并非上帝存在的必要条件时，潘能伯格如此论述："父的王权在三位一体的永恒团契之中已经实现。它并不须要世界的存在。在永恒之中，子尊崇于父的王权统治（Königsherrschaft）。因而，这一统治是永恒的，显然不能离开子和灵，而是借着祂们。但是，这一统治现在也被付诸于被造界。借着子和灵，父的统治在被造界被建立并被认识。"[6]在潘能伯格论及上帝时，总是充斥着"统治"、"权力"、"父的王权"、"王权统治"这些字眼。我们认为这是带有强烈的男性霸权文化或是父性文化的话语。虽然，潘能伯格拒斥黑格尔-巴特的主体性的三一论，认为这样只有唯一的圣父这一位格作为主体，圣子和圣灵的位格不过是圣父存在的环节或状态。潘能伯格从自我区分出发建立的是诸位格的多元性与交互性的三位一体。但是，多元的与交互性的三一生命仍不过是一个"父性"的三一生命。父的王权是三位一体的相互关系中，所有神圣活动的聚合点。故而，父的王权与王权统治是其三一上帝论的基底。在笔者看来，潘氏以父的王权与王权

---

1994.41.

6 Wolfhart Pannenberg. SystematicTheology [M], vol.2. trans. Geoffrey W. Bromiley. Edinburgs: T & T Clark, 1994.390. Systematische Theologie [M], Bd.2. Göttingen: Vandenhoeck & Ruprecht, 1991.434.

统治来充实和理解神圣的三一生命，这是传统的父性文化的话语霸权。他忽视了神性中怜悯与仁慈的元素，唯独将统治与王权提高到了神圣的制高点。在潘能伯格这里，通过跟"王权"或"统治"相关的自我区分以及在父的王权基础上的诸位格的统一，所建立的三一生命依然是一个作为"父"的绝对主体。

**"鱼跃之美"示意图**

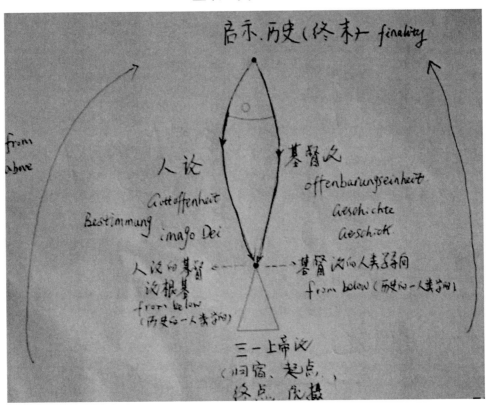

# 术语对照

| 德文 | 英文 | 中文 |
|---|---|---|
| anticipation | anticipation | 预知 |
| die alles bestimmende Wirklichkeit | all-determining reality | 决定一切的现实 |
| die Wirklichkeit in ihrer Ttalität | reality-in-its-totality | 在整体中的现实 |
| Einheit Gottes | unity of God | 上帝的统一 |
| Geheimnis der Offenbarung | mystery of revelation | 启示的奥秘 |
| Gemeinschaft | followship | 团契、联合 |
| Geschick Jesu | fate of Jesus | 耶稣的天命 |
| Gestalt | form | 模态 |
| Gottheit Jesu Christi | deity of Jesus Christ | 耶稣基督的神性 |
| Gottesherrschaft | rule of God | 上帝的统治 |
| Gottoffenheit | openness to God | 向上帝敞开性 |
| formalen Begriff der Offenbarung | fomal concept of revelation | 启示的形式概念 |
| Heilsökonomie | economy of salvation | 救赎之经世 |
| Heilsgeshichte | redemptive history | 救赎历史 |
| Herrschaft | lordship | 统治 |
| Horizontverschmelzung | fusion of horizons | 视域融合 |
| höchste Substanz | highest substance | 最高实体 |
| absolutes Subjekt | absolute subject | 绝对主体 |
| immanente Trinität | immanent trinity | 内在三位一体 |
| Kergmatheologie | theology of Kerygma | 传言神学 |
| Macht der Zukunft | power of future | 将来的权力 |
| Monotheismus | monotheism | 独一神论 |

| natürlich Theologie | natural theology | 自然神学 |
|---|---|---|
| nichttrinitarischen Monotheismus | nontrinitarian monotheism | 非三位一体的独一神论 |
| Offenbarungseinheit | unity-in-revelation | 启示性统一 |
| Offenbarungsgeschehen | event of revelation | 启示事件 |
| Offenbarungstheologie | theology of revelation | 启示神学 |
| Subjektivität Gotte | God's subjectivity | 上帝的主体性 |
| spekulative Theologie | speculative theology | 思辨神学 |
| Seinsweisen | modes of being | 存在方式 |
| ökonomische Trinität | economic trinity | 经世三位一体 |
| Prolepsis | prolepsis | 预表 |
| Reich Gottes | kingdom of God | 上帝之国 |
| Rückwirkung | retroactive force | 反溯力 |
| Selbst | self | 自我 |
| Selbstunterscheidung | self-distinction, | 自我区分 |
| Selbstsoffenbarung | self-revelation | 自我启示 |
| Selbstwirklichung | self-actualization | 自我实现 |
| Subjekt | subject | 主体 |
| Theismus | theism | 一神论 |
| Theophanie | Theophany | 神显 |
| Trinitätslehre | doctrine of trinity | 三位一体论 |
| Königsherrschaft | kingly rule | 王权统治 |
| Königtum des Vaters | monarchy of the Father | 父的王权 |
| Universalgeschichte | universal history | 普遍历史 |
| Urgeschichte | primordial history | 源初史 |
| Überlieferungsgeschichte | history of the transmission of traditions | 传统历史 |
| Unterscheidung | distinctiuon | 区分 |
| Selbstbewußtsein | self-consciousness | 自我意识 |
| wechselseitige Selbstunterscheidung | reciprocal Self-Distinction | 相互的区分 |
| Weltoffenheit | openness to world | 向世界敞开性 |
| Wirklichkeit in ihrer Totalität | reality in its totality | 在整体中的现实 |
| Wirklichkeit Gottes | reality of God | 上帝的现实性 |
| Wort Gottes, | Word of God, | 上帝之道 |
| Zukunft Gottes | futurity of God | 上帝的将来 |

# 参考文献

**第一手文献：**

1. Offenbarung als Geschichte [G]. Vandenhoeck & Ruprecht, Göttingen ,1961.

2. Revelation As History [G]. New York: The Macmillan Company. 1968.

3. Was ist der Mensch? Die Anthropologie der Gegenwart im Lichte der Theologie [M]. Kleine Vandenhoeck-Reihe. 1962.

4. What Is Man? [M] Trans. D.Priebe.Philadelphia: Fortress Press. 1970.

5. Grundfragen Systematischer Theologie [M]. Vandenhoeck & Ruprecht, Göttingen 1967/1980 (Bd. 1: 1967. Bd. 2: 1980).

6. Grundzüge der Christologie [M], Gütersloher Verl.-Haus G. Mohn, 1964.

7. Jesus-God and Man [M]. Trans. Lewis L. Wilkins and Duane A. Priebe. London: SMC.1968.

8. Theology and the Kingdom of God [M]. Westminster Press. 1969.

9. Theologie und Reich Gottes [M]. Mohn, Gütersloh, 1971.

10. Basic Questions in Theology [M]. vol,1. Trans. George H. Kehm. Philadelphia: Fortress.1970.

11. Basic Questions in Theology [M], vol.2.Trans. George H. Kehm. Philadelphia: Westminster. 1971.

12. The Idea of God and Human Freedom [M]. Trans.A.Wilson. Philadelphia: Westminster. 1973.

13. Theology and The Philosophy of Science [M] Trans. Francis McDonagh. Philadelphia: Westminster. 1976.

14. Basic Questions in Theology [M],vol.3. Trans. R.A.Wilson. SCM Press. 1977.

15. Faith and Reality [M]. Westminster Press. 1977.

16. Human Nature, Election and History [M]. Philadelphia: Westminster. 1977.

17. Anthropologie in theologischer Perspektive [M],Vandenhoeck & Ruprecht,

Göttingen,1983.

18. Anthropology in Theological Perspective [M]. T & T Clark .1985.

19. Christianity in a Secularized World [M] London:SCM,1989.

20. Metaphysics and the Idea of God [M]. Trans. Philip Clayton.Grand Rapids: Eerdmans, 1988.

21. Systematische Theologie [M]. 3 Bde. Vandenhoeck & Ruprecht, Göttingen 1988/1991/1993.

22. Introduction to Systematic Theology [M]. Edinburgs: T & T Clark, 1991.

23.Systematic Theology [M]. vol. 1. Trans. Geoffrey W. Bromiley. Grand Rapids: William B. Eerdmans.1991.

24. SystematicTheology [M],vol.2.Trans.Geoffrey W. Bromiley. Edinburgs: T & T Clark, 1994.

25. SystematicTheology [M],vol.3.Trans.Geoffrey W. Bromiley. Edinburgs: T & T Clark, 1998.

26. Dogmatische Erwägungen zur Auferstehung Jesu [J]. Kerygma und Dogma, vol.XIV (1968).

27. God's Presence in History [J]. Christian Century, March 11, 1981.

28. Problems of a Trinitarian Doctrine of God [J]. Dialog 26.4, Fall 1987.

29. 天国近了——神学与神的国 [M]. 邓绍光译.基道书楼,1990.

30. 人是什么——从神学看当代人类学 [M]. 李秋零、田薇译.香港道风山基督教丛林,1994 .

31. 神学与哲学——从它们共同的历史看它们的关系 [M]. 李秋零、田薇译.香港道风山基督教丛林,2006 .

32. 上帝的主体性与三位一体论 [J]. 现代语境中的三一论,汉语基督教文化研究所出版,2000.

## 第二手文献：

1. Althaus, Paul. Die christiche Wahrheit [M]. Gütersloh: C. Bertelsmann, 1962.

2. Burhenn, H. Pannenberg's Doctrine of God .Scottish Journal of Theology28 (1975).

3. Braaten, C. E. & Clayton, P. The Theology of Wolfhart Pannenberg: TwelvAmerican Critiques, With an Autobiographical Essay and Response. Minneapolis, 1988.

4. Brown,Raymond E. After Bultmann, What?- An Introduction to the Post-Bultmannians. Catholic Biblical Quarterly 26 (1964).

5. Burhenn, H.. "Pannenberg's Doctrine of God".Scottish Journal of Theology28 (1975).

6. Barth, Karl. Kirchliche Dogmatik [M]. Bd. I/1. München:Chr. Kaiser Verlag, 1932.

7. Barth, Karl.Church Dogmatics [M]. Edit. & Trans. T.F.Torrance & W. Bromiley (G.Thomson & H. Knight）, Edinburgh: T. & T.Clark. 1956-1977.

8. Barth, Karl. Das christliche Verstandnis der Offenbarung [J]. Thelogische Existenz heute NF, 12. 1948.

9. Barth, Karl.Theology and Church [M]. Trans. L.P.Smith. SCM Press, 1962.

10. Braaten, Carl. "The Current Controversy in Revelation: Pannengberg and His Critics", Journal of Religiou,. 1965.

11. Bradshaw, Timothy. Trinity and ontology: a comparative study of the theologies of Karl Barth and Wolfhart Pannenberg [M]. Edinburgh: Rutherford House Books, 1988.

12. Bultmann, Rudolf. Glauben und Versehen [M],Band1. Tubingen: J.C.B. Mohr. 1966.

13. Bultmann, Rudolf. Kerygma and Myth [G]. edit.H.W.Bartsch. 2$^{nd}$ edtion. London: SCPK, 1964.

14. Grenz, Stanley J. "Wolfhart Pannenberg's Quest for Ultimate Truth," The Christian Century (September 14-21, 1988).

15. Grenz, Stanley J. Reason for Hope: The Systematic Theology of Wolfhart Pannenberg, first Edition. Oxford University Press. 1990.

16. Grenz, Stanley J. Reason for Hope: The Systematic Theology of Wolfhart Pannenberg, second. Edition, William B. Edermans Publishing Company. 2005.

17. Galloway,A.D. *Wolfhart Pannenberg*. London: Geoger Allem, 1973.

18. Gadamer, Hans-Georg. Truth and Method, New York: Seabury Press. 1975.

20. Harvey, Van A.. The Historian and the Believer [M]. London, 1967.

21. Hegel, Friedrich. The Phenomenology of the Mind [M]. vol.2. Harper and Row, Publishers, 1961.

22. Käsemann, Ernst. Exegetische Versuche und Bestinnungen I [M]. Göttingen, 1960.

23. Mcgrath, Alister. The Making of Modern German Christology [M]. Basil Blackwell, 1986.

24. McKenzie,D. Wolfhart Pannenberg and Religious Philosophy. Washington, DC, 1980.

25. Mostert, Christiaan. God and the Future: Wolfhart Pannenberg's Eschatological Doctrine of God [M]. London. New York: T. & T. Clark, 2002.

26. Rohls, Jan.Vernunft des Glaubens. Wissenschaftliche Theologie und kirchliche Lehre [M]. Vandenhoeck & Ruprecht, Göttingen 1988

27. Olive, Don H. Wolfhart Pannenberg-Makers of the Modern Mind. Word Incorporated, Waco, T exas. 1973.

28. Olson,Roger. The Human Self-realization of God: Hegelian Elements in

Pannenberg's Christology [J]. Perspective in Religious Studies 13 (1986).

29. Schleiermacher,Friedrich. The Christian Faith [M]. edit. H.R. Mackintosh and J.S. Srewart. Philadelphia: Fotress Press,1928.

30. Shults, F. LeRon. The Postfoundationalist Task of Theology: Wolfhart Pannenberg and the New Theological Rationality. Grand Rapids, MI: Eerdmans. 1999.

31. Strauss,D.F. The Life of Jesus.Philadelphia: Fortress Press, 1972.

32. Taylor,Iain. Pannenberg On The Triune God [M]. T & T Clark, 2007.

33. Tupper, E. F. The Theology of Wolfhart Pannenberg [M]. Philadelphia: Westminster press, 1973.

34. Tillich,Paul .Theology of Culture. New York : Oxford University Press, 1964.

35. Tillich,Paul. Systematic Theology. Vol. 1.The University of Chicago Press. 1951.

36. Wenz, Gunther. Wolfhart Pannenbergs Systematische Theologie: Ein einführender Bericht [M]. Göttingen: Vandenhoeck & Ruprecht, 2003.

37. Huizinga,Johan. Homo Ludens: A Study of Play-Element of Culture.Boston: Beacon.1966.

38. Hume, David. Dialogues Concerning Natural Religion, with Of the Immorality of The Soul, Of Suicide, Of Miracles [M]. edit. Richard. H. Popkin. Hackett, 1998.

39. Robinson, James M. & Cobb. John B edit.Theology as History [G]. Harper and Row, Publishers, 1967.

40. Wong, Kan Ming.Wolfhart Pannenberg on Human Destiny [M]. Ashgate, 2008.

41. 莱布尼茨.人类理智新论 [M]. 陈修斋译.北京：商务印书馆，1996.

42. 利文斯顿. 现代基督教思想 [M]. 何光沪译.四川人民出版社，1999.

43. 海德格尔.存在与时间 [M]. 陈嘉映、王庆节译，三联书社，1999 年修订本.

44. 蕾娜特·温德.力阻狂轮:朋霍费尔传 [M]. 陈惠雅译.四川人民出版社,2006.

45. 费奥伦查.基础神学——耶稣与教会 [M]. 刘锋译.道风书社,2003.

46. 福特编.现代神学家 [G]. 董江阳、陈佐人译，道风书社,2005.

47. 基尔克果. 概念恐惧·致死的疾病 [M]. 京不特译.上海：三联书店，2004.

48. 洛克.人类理解论 [M]. 关文运译.北京：商务印书馆，1997.

49. 帕利坎.基督教传统——大公传统的形成 [M]. 翁绍军译.道风书社,2002.

50. 莫尔特曼.盼望神学:基督教终末论的基础与意涵 [M]. 曾念粤译. 道风书社, 2007.

51. 莫尔特曼.三一与上帝国：论上帝的教义 [M]. 周伟驰译.道风书社,2007.

52. 葛伦斯、奥尔森.二十世纪神学评论 [M]. 刘良淑、任孝琦译.校园书房出版社,1998.

53. 林鸿信.莫特曼神学 [M]. 台北：礼记出版社,2002.

54. 奥尔森.基督教神学思想史 [M]. 吴瑞诚、徐成德译.北京大学出版社,2003.

55. 斯图沃德编.当代西方宗教哲学 [G]. 周伟驰、胡自信、吴增定译.北京大学出版社,2001.

56. 海德格尔、奥特等著.海德格尔与神学 [G]. 刘小枫选编.汉语基督教文化研究所,1998.

57. 麦奎利.二十世纪宗教思潮 [M]. 何菠莎、周天和译.宗教文化出版社,2006.